SONDERZAHL

Für Magda

Alfred Pfabigan

Nimm 3, zahl 2

Wie geil ist Geiz?

SONDERZAHL

Publiziert mit Unterstützung des Bundeskanzleramtes – Kunstsektion

www.sonderzahl.at

Satzbelichtung: VISCOM, Wien
Schrift: Sabon
Druck: REMA*print*, Wien
ISBN 3 85449 216 2

Umschlag von Thomas Kussin

Inhalt

»Die moderne Gesellschaft pflügt sich um wie keine zuvor.« Christoph Türcke

»Keine Ahnung – aber wir werden uns, fürchte ich, noch wundern, was da noch alles den Bach runtergeht.« Christa Wolf

Vorwort

Allmähliche Veränderungen sind schwer wahrnehmbar. Doch plötzlich kann ein scheinbar unbedeutendes, alltägliches Ereignis dem Beobachter als Signal dienen, das auf tiefgehende gesellschaftliche Veränderungen verweist.

Etwa ein Abendessen bei einem wohlhabenden, mittelalterlichen Paar, Opinionleaders mit gutdotierten Jobs in einem Massenmedium bzw. in der Politik. Die Wohnung ist mit einer ansprechenden Mischung aus Biedermeier und Avantgarde möbliert, Bilder hängen bis zur Zimmerdecke (»Wir investieren nicht in Aktien, sondern in Kunst«), der Hausherr unterhält einen kleinen, aber wohlsortierten Weinkeller, was – neben der Frage, ob er eine JAGUAR-Limousine erwerben solle – Anlass zur Diskussion über den passenden Wein gibt. Das als Hauptspeise servierte Lamm stammt von einem jener legendären Bio-Bauern, die einmal in der Woche mit dem Kleinlaster in der Hauptstadt auftauchen und mit ihrer Ware einen erlesenen Kundenkreis beglücken, als Nachtisch wird eine aufwendig hergestellte Tarte aux pommes gereicht; alles wie immer, bis dann die Eiscreme auf den Tisch kommt: eine Eigenmarke, CLEVER VON BILLA/REWE. Kein schlechtes Wort über Eigenmarken, kein schlechtes Wort über CLEVER, doch diese Eiscreme sprengte durch ihre bloße Präsenz das traditionelle Ensemble aus Gemälden, Lamm und Biedermeier in die Luft.

In der Tiefkühltruhe jedes Supermarktes liegen etwa sechs zum Nachtisch geeignete Sorten Speiseeis. Wer CLEVER kauft, gibt damit ein deutliches, bewusstes Statement in Richtung »billig«, und dieser Gediegenheit kultivierende Haushalt war bisher – bisher! – nicht der Ort, wo man solches erwartete. Hier hat offensichtlich ein Bruch im Konsumverhalten stattgefunden, der

Neugier hervorruft und Deutungen provoziert, die auf in den Medien zwar weit verbreitete aber unbestimmte Schlagwörter zurückgreifen können: haben sich die Gastgeber in die Fraktion der »Geiz ist geil«-Mentalität eingereiht, sind sie sogenannte Smart-Shopper geworden oder gar Anhänger der »Neuen Bescheidenheit« – oder illustrieren sie das der oberen Mittelschicht attestierte »hybride Konsumverhalten«, dem JAGUAR und CLEVER keine Gegensätze mehr sind?

Unter Freunden war es wohl legitim, einen Blick auf das Eis zu richten und mit einem fragenden »CLEVER« den Stilbruch anzusprechen. Ein unkluges Verhalten, auf das die Hausfrau schnippisch reagierte: Ob denn etwas gegen »CLEVER« spreche? Und dann, ungefragt: Der Wirbel rund um »Geiz ist geil« sei ihr extrem zuwider. Wenn Menschen ihr Verhalten ändern und den Kommentar dazu in einer Weise verweigern, die einen an ein Tabu denken lässt, an Indifferenz oder gar an Heuchelei, dann wächst die Neugier – zumal dann, wenn es sich nicht um einen Einzelfall handelt.

Die Einstellung vieler Mitglieder unserer Gesellschaft zu ihrem persönlichen Konsum erinnert einen häufig an die viktorianische Doppelmoral. Das gilt auch für jene akademische Mittelklasse, die auf Grund einer anachronistischen Steuergesetzgebung heute zu den Spitzenverdienern gezählt wird. Sie sitzen in ihrer im Abverkauf günstig erworbenen Designerküche, die offensichtlich prinzipiell mit Küchengeräten von TCHIBO/TCM ausgestattet ist, der Hausherr prahlt damit, dass der mit 20 Prozent Rabatt erworbene angebliche Vorführwagen tatsächlich einen Tachometerstand von 170 Kilometer hat, und die Hausfrau erzählt beifallheischend, dass der im Modehaus ZARA aufgestellte Wühltisch mit Waren von angeblich zweiter Qualität zum Preis von 5 Euro tatsächlich mit unbeschädigten und hochwertigen Stücken belegt war, von denen sie einige erwarb. Doch wehe dem Törichten – oder besser: dem Taktlosen – der es sich erlaubte, dieses Paar mit dem zwar mittlerweile etablierten und dennoch bisher inhaltslosen Terminus »Smart-Shopper« zu belegen. Der Selbstbetrug beim billigen Einkaufen ist derzeit recht hoch.

Tatsächlich erlauben Erlebnisse wie das oben erzählte die Schlussfolgerung, dass derzeit eigenartige Veränderungen im Konsumverhalten stattfinden, deren Verarbeitung im kollektiven Bewusstsein ebenso eigenartig ist. Wer darauf besteht, aus dem Pool miteinander konkurrierender Schlagwörter zur Charakterisierung unserer Gesellschaft das Wort »Konsumgesellschaft« auszuwählen, wird gewiss Argumente zur Bekräftigung seiner Wahl finden. Immer noch wenden wir den Gütern eine enorme Aufmerksamkeit zu, kaufen mehr von ihnen, als wir benötigen, und verknüpfen die Frage des gesellschaftlichen Ansehens mit dem Besitz an ihnen. Immer noch enttäuscht uns diese Haltung – die Traditionsmarke ROLLING STONES füllt mit »I can get no satisfaction«, der Klage über die unerfüllten und widersinnigen Versprechungen der Werbung, seit 40 Jahren die Musikhallen und Fußballstadien der westlichen Welt.

Doch tatsächlich hat die Welt des Konsums ihre für manche unerträgliche Leichtigkeit verloren. Ein neuer Typus von Konsumenten macht sich breit und provoziert Gegenreaktionen der Industrie, des Handels und der Werbung: Dieser Typus ist misstrauisch, berechnend, zögerlich in seinen Kaufentscheidungen und gelangweilt vom übergroßen Angebot – doch immer noch haben die Güter in der höchstpersönlichen »Ökonomie der Aufmerksamkeit« (Georg Franck) der Konsumenten einen höheren Rang, als ihnen eigentlich zusteht.

Eine Illustrierte hat die »Geiz ist geil«-Welle aufgegriffen und bietet ihren Lesern einen Test an, durch den diese herausfinden können, wie »geil« sie eigentlich seien. Das ist nur eine besonders skurrile Facette des gerade laufenden von einer Vielzahl von selbstbewussten Akteuren und Warnern getragenen multiplen, lauten, ja gelegentlich grellen Diskurses über den Konsum, in dem neue Mentalitäten – oder alte im neuen Gewand – propagiert und kritisiert werden. Es artikulieren sich der Luxus und das Billige, der Verkäufer von handwerklicher Qualität und der

Markenproduzent, die Umweltministerin, die mit strengem Ton ein geändertes Qualitätsbewusstsein der Konsumenten einmahnt, der Konsumentenschützer, der seine Schützlinge zu überzeugen sucht, dass die billigen Angebote der Handelsketten Bestandteil eines Verdrängungswettbewerbes seien, an dessen Ende ein für den Konsumenten schädliches Monopol stehen würde, der Ökonom, der die Billigkäufer als Auslöser einer Deflationsspirale denunziert, und der Kulturwissenschaftler, der im Konsum ein bequemes Heilmittel gegen den Fundamentalismus sieht.

Der Diskurs ist derart komplex, dass ihn eindeutige Formeln wie die, dass die Marken immer noch unser Leben dominieren würden, dass die »Mitte« weggebrochen sei, dass ein hybrides Kaufverhalten zwischen »Aldisierung« und Luxus dominiere, dass gar das Liebesverhältnis zwischen den Konsumenten und den Gütern ein Ende gefunden hätte, schon durch ihre Widersprüchlichkeit ad absurdum führen. Die Vielzahl der auf verschiedenen Argumentationsebenen liegenden Positionen belegt letztlich nur das eine: Die Beziehung zwischen den Menschen und den Dingen, den Konsumenten und den Waren, scheint sich geändert zu haben; »Geiz ist geil« in allen seinen Facetten ist nur ein überdeterminiertes Symptom dafür. Jene Menschen, die meinen, dass dieser Slogan nur wenig mit ihnen und ihrem Leben zu tun hat, belügen sich selbst.

Das Konsumverhalten wurde immer schon ambivalent bewertet und aus historischer Sicht waren sie alle ein Spiegel ihrer Zeit: der edle, der verächtliche und der rebellische Arme, der klösterliche Asket, der vom Luxus besessene Aristokrat des Barocks, der maßvoll-bescheidene biedermeierliche Hausvater, der verschwenderische Dandy, der Playboy, der sich dem »Konsumterror« entziehende Hippie oder der protzige Neureiche der New Economy. Jeder Epochenwechsel war von Veränderungen im Konsumverhalten begleitet, wobei jene in der Periode der frühen Industrialisierung wohl um einiges dramatischer waren, während die in der Zeit der großen Inflation Anfang der 20er Jahre des 20. Jahrhunderts grellere Folgen als die heutigen zeitigten. Doch unter den Bedingungen der industriellen Produktion hat eine solche Veränderung einen eigenen Stellenwert. Die industrielle Produktion hat die Moderne als Lebensform erst ermöglicht, sie ist immer noch in vielfacher Weise eine ihrer Funktionsbedingungen. Eines der Kennzeichen der westlichen Moderne ist das scheinbar ständig wachsende Bedürfnis nach Gütern, das der Kapitalismus zu unser aller Nutzen und Freude bedient. Noch nie – das zeigt der Vergleich mit historischen Nachlassakten – besaßen die Menschen derart viele Gegenstände wie heute. Konsum, das Verhältnis zu allem, was dinghaften und käuflichen Charakter hat, stellt eine der wichtigsten Relationen des Menschen zur Außenwelt dar – ob er nun als Produzent, Verkäufer oder Konsument agiert. Die Welt des Konsums ist eine Welt der Bilder, der Versprechungen, der Verführungen, der Sünde, der Vorsorge für sich und andere, eine Welt des Tabus, ein Bereich, wo alles zusammenstößt – die Lust und die Schuld, die Ökonomie und die Verantwortung. Hinter jeder der sich im Konsum zeigenden Konstellationen steht zumindest ein kritischer und ein legitimierender Diskurs, jede hat Massencharakter und eine Geschichte, verweist auf eine kollektive Mentalität, die manchmal von verschiedenen gesellschaftlichen Klassen getragen wird und hat letztlich auch eine makroökonomische und eine politische Dimension. Man sollte also über Veränderungen der Mentalität der Konsumenten, wie sie sich am krassesten im Slogan »Geiz ist geil« artikulierten, weder moralisieren noch spotten, sondern sie als Zeichen dafür begreifen, dass sich derzeit in unserer Gesellschaft tiefgehende Wandlungen ereignen, deren Richtung noch nicht sichtbar ist.

Allen Unsicherheiten zum Trotz ist die Frage legitim: Wohin weist die neue Version der Software des westlichen Konsumverhaltens? Wird »Sparsamkeit« wieder den Charakter einer Tugend bekommen? Und was bedeutet »Sparsamkeit« langfristig? Eine wachsende Präferenz für »billige« Güter – oder gar eine Neigung zur Enthaltsamkeit im Konsum? Hat das »Steigerungsspiel« der Moderne (Gerhard Schulze) sein Ende gefunden

– oder sind wir bloß Zeugen einer kurzzeitigen, von der ökonomischen und demografischen Situation verursachten Orientierungslosigkeit, an deren Ende sich die globalisierte Moderne neu organisieren wird?

1. Von der Volksgemeinschaft zur Konsumgesellschaft

Jener präzise Punkt, von dem aus man die Vorgeschichte von »Geiz ist geil« aufrollen könnte, existiert wohl nicht. Seit der frühen Industrialisierung hat sich das Konsumverhalten mehrmals grundlegend geändert – Not und (freiwillige oder erzwungene) Askese sind ihm ebenso wenig fremd wie Luxus und ostentative, manchmal sogar kollektive Verschwendung. Wenn es auch politisch umstritten ist, das Jahr 1945 – den Neubeginn nach der Niederlage des »Dritten Reichs« – als »Stunde Null« zu bezeichnen, so hat dieses Etikett in den Verliererstaaten Deutschland und Österreich wohl dort seine Berechtigung, wo die Beziehung der Menschen zu den Gütern abgehandelt wird. In den folgenden zwei Jahrzehnten ist in rudimentärer Form die Matrix unseres Konsumverhaltens entstanden, in der wir uns heute noch bewegen.

Es sei nur an das heute in seiner existentiellen Dimension unvorstellbare Phänomen der sogenannten Ausgebombten erinnert. Als Folge der Massenbombardements hatte in Deutschland und in Österreich ein nicht unerheblicher Prozentsatz der Bevölkerung nicht nur Verluste an Angehörigen, gesundheitliche Schäden und elementare Traumatisierungen erlitten, sondern ihr »Neues Leben« nach der Befreiung begann tatsächlich – wenn man von der gerade getragenen Garderobe absieht – ohne einen einzigen Gegenstand, den sie ihr Eigen nennen konnten: ohne Möbel, Textilien, Schmuck, Bücher und persönliche Erinnerungsstücke. Unter diesen Verhältnissen ist der Mangel an Gütern mit den Gefühlen von Geltungsverlust, Schuld und Niederlage eine eigenartige Fusion eingegangen – von Anfang an enthielt Konsum etwas, das über die bloße Bedürfnisbefriedigung hinauswies. Jenseits des Umstandes, dass lebensnotwendige Güter rar waren und daher Anspruch auf eine besondere Wertschätzung erheben konnten, verfügten sie über eine spezielle Qualität, die kaum rekonstruierbar ist, die eine der Antriebskräfte des Wiederaufbaus war und die ihnen seither abhanden gekommen ist.

Gewiss, jener Übergang aus einem von Gütermangel bestimmten Leben in ein solches des Überflusses, wie ihn die Wiederaufbaugeneration erleben konnte, hat wohl die Mentalität der Konsumenten grundlegend verändert, doch die Mangelerfahrungen des unmittelbaren Nachkriegsjahrzehntes sind nach wie vor im kollektiven Gedächtnis der Bevölkerung gespeichert. Den Titel des gespeicherten Dokumentes kennt allerdings niemand – offen bleibt, ob er auf ein traumatisierendes Erlebnis verweist oder auf die Möglichkeit, mit kluger Sparsamkeit auch eine Mangelzeit zu überstehen.

In den beiden von den Besatzungsmächten nur notdürftig alimentierten Verliererländern entstanden eigenartige Formen des Marktes: etwa der »Schwarz-« und »Schleichhandel« mit seinen fließenden Übergängen zur organisierten Kriminalität, dem Schiebertum, der Basis vieler Nachkriegsvermögen, oder der Angewohnheit von Teilen der männlichen städtischen Bevölkerung, am Wochenende zum »Hamstern« aufs Land zu fahren und dort die Reste des Familiensilbers gegen Grundnahrungsmittel einzutauschen. Beide Varianten des Marktes beanspruchten das, was Georg Franck die »Ökonomie der Aufmerksamkeit« nennt in einer extremen Weise, und hatten einen von den Akteuren wohl nicht wirklich positiv bewerteten hohen »Erlebniswert«. Die Platzierung in der »Ökonomie der Aufmerksamkeit« und den Erlebniswert des Erwerbsaktes werden wir von nun an mehr oder weniger stark ausgeprägt bei allen Formen der Güterversorgung beobachten können, und wir werden feststellen, dass sie für die Konsumenten als zentrale Bewertungskriterien fungieren.

Im ersten erfolgreichen Schritt des Projekts »Wiederaufbau« wurde die Güterknappheit der unmittelbaren Nachkriegszeit allmählich durch ein wachsendes Warenanbot abgelöst, das die

Elementarbedürfnisse befriedigte, ansonsten aber diese Knappheit immer noch in sich barg. Auf der Ebene der Grundbedürfnisse wurde dieser Mangel vom TANTE-EMMA-LADEN (den man nicht mit der heute bekannten Handelskette mit dem Namen EMMA verwechseln darf) bzw. seiner österreichischen Variante, dem Greißler, verwaltet. Diese traditionellen Kleinläden waren mehr als Einkaufsstätten, sie dienten der Bevölkerung als multifunktionale Institution: als Ort der Begegnung und des Gesprächs, an dem man auch die Schlüssel für die Kinder deponieren konnte. Ihr »Erlebniswert« war um einiges höher als der eines heutigen Discounters, doch die Güter erforderten wegen der geringen Auswahl und der im Normalfall ebenso geringen Preisdifferenz zwischen den Läden eine niedrige Aufmerksamkeit. Man brauchte sich nicht sonderlich zu kümmern, es gab ohnedies nur eine Butter und die war preisgeregelt. Was den alltäglichen Konsum betrifft, war jener der Wohnung nächstliegende TANTE-EMMA-LADEN konkurrenzlos, für das gehobene Bedürfnis diente der »Feinkostladen« und für die sonstigen Bedürfnisse existierte ein breites Netz des Fachhandels, der häufig noch mit dem Handwerk verbunden war.

Das allmählich einsetzende Wirtschaftswunder veränderte das Verhältnis zwischen Menschen und Gütern grundlegend. Plötzlich waren neue, praktische und prestigemäßig hochbesetzte Güter einem breiten Publikum zugänglich, Güter, die man bisher nur sehnsuchtsvoll in amerikanischen Spielfilmen bewundern konnte: Elektrische Haushaltsgeräte etwa oder Autos. Obwohl sich das Anbot an diesen ursprünglich raren, teuren und bestimmten sozialen Schichten vorbehaltenen Waren im Lauf der Jahre verbreiterte, hatte der Erwerb zunächst den Charakter eines Abenteuers: Ein Neuwagen wollte zunächst bestellt werden, man musste eine Wartezeit hinter sich bringen, und vor allem bedurfte der Autokauf einer enormen Kompetenz – nur Eingeweihte wussten über die prinzipiellen Mängel eines bestimmten Modells Bescheid, über Startschwierigkeiten bei schlechter Witterung oder ein unkorrigierbares Flattern der Lenkung.

All das kann man vom heutigen Standpunkt aus als einen hohen Erlebnisfaktor des Konsums in den 50er Jahren sehen. Doch die neuen Güter befriedigten die Konsumenten zunächst einmal durch ihren Gebrauchswert: Welche ungeheure Lebenserleichterung stellten die erste Waschmaschine, der erste Geschirrspüler oder gar das erste Auto dar! Die damals in bestimmten Bereichen gezwungenermaßen hohe Kompetenz der Konsumenten und der Umstand, dass allmählich miteinander konkurrierende Güter auf den Markt kamen, die sich in ihrem funktionalen Wert aneinander anglichen, änderten die Funktion der Werbung grundlegend. Ihrem Selbstbild nach soll Werbung beim aufgeklärten Konsumenten Aufmerksamkeit für das beworbene Produkt herstellen – doch tatsächlich ist eine ihrer wichtigsten Aufgaben die Reduktion der individuellen Produktkompetenz des Konsumenten; es geht ihr in vielen Fällen um die Herstellung eines Vertrauens, das auf eigene Erfahrungen verzichtet und den Umstand ignoriert, dass sich Produkte möglicherweise nur mehr in Details unterscheiden.

Die sich seit den 50er Jahren immer mehr intensivierende Werbung hat erfolgreich versucht, der »Ökonomie der Aufmerksamkeit« in der Welt des Konsums eine neue Richtung zu weisen: Werbung will zunächst einmal Aufmerksamkeit für sich selbst und dann für das Produkt in der Form, in der sie es uns vorführt. Diese Funktion hat sich – etwa bei Kraftfahrzeugen – im Lauf der Jahrzehnte parallel zur Standardisierung der Qualität immer mehr gesteigert. Autos gleicher Preisklasse sind heute in den meisten Fällen austauschbar, das Studium der Gebrauchsanleitung sollte zwar vorgenommen werden, doch prinzipiell gilt: Man steigt ein, dreht den Startschlüssel, gewöhnt sich kurz an Kupplung, Lenkung und Bremsverhalten und fährt los. Die neue Standardisierung im Verein mit der Werbung hat eine emotionelle Verarmung des Konsums bewirkt, sie hat sowohl den Erlebnischarakter des Einkaufs reduziert wie auch das Ausmaß an Aufmerksamkeit, die bestimmte Güter ehedem erzwangen.

Das Aussterben der TANTE-EMMA-LÄDEN als Vorstufe von »Geiz ist geil«

Der wirtschaftliche Aufschwung hat die Struktur der Güterversorgung grundlegend verändert. Das Anbot an Gütern weitete sich aus, früher anonyme Produkte wie etwa »Zucker« individualisierten sich zu Marken und konkurrenzierten einander; Ladenketten etablierten sich und begannen allmählich, dem Greißler den Garaus zu machen. Das Argument der Ketten schien unschlagbar: Ein breiteres Warenangebot kombiniert mit niedrigeren Preisen; auch reduzierte das Selbstbedienungssystem den zeitlichen Aufwand des Einkaufsaktes. Wahrscheinlich hat das Publikum »seinen« Greißler geliebt, doch vor allem die Verbilligung der ehedem unerschwinglichen Kühlschränke machte den Einkauf in kleinen Portionen zu einem absurden Unternehmen: Warum täglich 100 Gramm geschnittenen Käse kaufen, wenn ein in eine Plastikfolie eingeschweißter Block von 200 Gramm genauso viel kostet? Die Konsumenten haben das neue System als Selbstverständlichkeit zu akzeptieren gelernt, und in praktisch allen Segmenten der Versorgung mit Gütern des täglichen Bedarfs begann der Einzelhandel konkurrenziert von Baumärkten, Textilketten, Gartencentern und sogenannten Supermärkten eine Nischenexistenz zu führen. Für die Konsumenten begann damals jene unendliche Geschichte, die am Ende zum angeblich ruinösen Handelskrieg mutierte, dessen Zeugen wir heute sind, und der die »Geiz ist geil«-Bewegung hervorbrachte. Kühlschrank, Tiefkühltruhe und die neuen Konservierungstechniken sind immer noch die Voraussetzung der Sonderangebote, aufgrund dener jene Konsumenten, die in den Medien als Smart-Shopper tituliert werden, häufig Quantitäten eines Produkts erwerben, die über den unmittelbaren Verbrauch hinausgehen.

Mit der systematisch betriebenen Zerstörung der Kleinhandelsstruktur sind Konsumenten, Produzenten und Verkäufer in einen Teufelskreis geraten, der gegenwärtig seinen vorläufigen Höhepunkt erreicht hat – das sei hier ohne Nostalgie festgehalten.

Das Kalkül gewisser Ladenketten, sie könnten durch das Anbot eines herausragenden Artikel zu einem exzeptionell niedrigen Preis ihr Image als billig bzw. billiger als die Konkurrenten fördern, mag in den Pionierjahren der Handelsketten noch aufgegangen sein. Doch von Anfang an hat diese Strategie die Intelligenz der Konsumenten, ihr Gedächtnis und ihre Relation zu Geld gering eingeschätzt. Ab dem Zeitpunkt, an dem aus heutiger Sicht bescheidene, damals aber als spektakulär gewertete Sonderangebote von mehreren Ketten angeboten wurden, hat genau jener viel beschworene mündige Konsument begonnen, den ihm systematisch eingehämmerten Imperativ »Der Preis zählt« ernst zu nehmen. Die Ketten sind heute Gefangene einer Mentalität, die sie selbst zunächst im Kampf gegen die Kleinläden gefördert haben. Denn wenn der Preis zählt und wenn der Konsument in zahllosen Inseraten darauf trainiert wurde, ihn zu vergleichen, dann hat der viel gescholtene Billigkäufer ja nichts anderes getan, als seine Hausaufgabe zu machen. Das gilt vor allem für den städtischen Konsumenten, der von Einkaufsmöglichkeiten an seinem Wohnort praktisch umzingelt ist.

Von Anfang an laborierte die neue Einkaufsform an einem unbezwingbaren Handicap: Der Erlebniswert des Einkaufs in einem zu einer Kette gehörigen Laden war gering im Vergleich zu der in den Kleinläden erfahrenen intensiven Betreuung und den mit ihr verbundenen kommunikativen Möglichkeiten. Die neue Vielfalt der Güter und ihre leichte, kommunikationslose Zugänglichkeit hat etwas grundlegend beschädigt, was wir in Hinkunft ihre »Aura« nennen wollen. Walter Benjamin hat den Begriff in einer Konstellation entwickelt, die der in der heutigen Warenwelt nicht unähnlich ist und hat gefragt, ob »das Kunstwerk im Zeitalter der technischen Reproduzierbarkeit« nicht Schaden an dieser Aura genommen habe.

Wer will, kann in den heute laufenden Verkaufsstrategien im Rahmen der »Erlebnisökonomie« Spuren einer Rekonstruktion der archaischen Einkaufswelt der Greißler und der TANTE-EMMA-LÄDEN sehen. Der Gegensatz zwischen der »warmen« Einkaufswelt des Kleinhandels und der »kalten« der Ladenketten, ist in der Populärkultur oft reflektiert worden – etwa, was den Buchmarkt betrifft, in dem Film *E-Mail für Dich*. Tatsächlich liebt niemand eine Ladenkette mit ihrem unzufriedenen und häufig inkompetenten Personal.

Der Supermarkt als Original und seine hochstaplerischen Kopien
Die Geschichte der deutsch-österreichischen Ladenketten mit ihren Pionieren, die teilweise noch von der Ladefläche ihrer Lastkraftwagen aus die Nahversorgung organisierten, ist bis heute nicht geschrieben. Unzählige kleine Ketten entstanden, gingen zugrunde, wurden aufgekauft oder fusionierten. Langsam bekamen die Supermärkte die dominante Stellung in der Grundversorgung. Sie haben nur wenig gemeinsam mit ihren amerikanischen Namensgebern, wie etwa Raymond Loewys klassischem Supermarkt LUCKY in Kalifornien.[1] Ein solcher Supermarkt – mit seinen Zielsetzungen des erleichterten Einkaufs, des vereinfachten Betriebsablaufes und der höchsten Mechanisierung der Lagerhaltung, ausgestattet mit ausgedehnten Parkmöglichkeiten – ist zunächst kein urbanes Phänomen, die Motorisierung der Kunden ist aber Voraussetzung. Man erledigt dort Wocheneinkäufe, die man zu Hause einlagert und kann damit rechnen, im Supermarkt alles zu finden – sogar rezeptpflichtige Pharmazeutika. Der Kunde kann sich in diesen gigantischen Verkaufshallen rundum verpflegen und findet ein reichhaltiges Anbot an Zeitungen, ja sogar an Büchern. Das Wort »Markt« ist allerdings nicht korrekt. Vor allem die klassischen, amerikanischen Vorbilder haben wenig gemeinsam mit dem anarchischen Treiben auf einem Markt – es sind große Versorgungsanlagen, in denen alles im voraus durchdacht ist und die häufig ein lokales Monopol hatten. Erst der Supermarkt, der sich in Konkurrenz befindet, ist Bestandteil eines Marktes.

Dennoch war es lange Zeit pure Hochstapelei, wenn hiesige Ladenketten ihre Filialen als »Supermärkte« bezeichneten, und vieles, was einen klassischen amerikanischen Supermarkt auszeichnet, fehlt ihnen bis heute: die weiten Gänge, die schier unermessliche Warenfülle, die ständig aufrechterhaltene Ordnung und Sauberkeit, die Übersichtlichkeit, die Angewohnheit, eine Ware auf einer ganzen Regalwand in Hunderten von Stücken auszulegen. Man hat für diese Supermärkte oft die Bezeichnung »Konsumtempel« verwendet, doch wird wohl kaum ein Amerikaner sie so erlebt haben, sondern die Bezeichnung protokolliert eher die erstaunten Eindrücke von Besuchern aus europäischen Mangelgesellschaften.

Der Erlebniswert eines amerikanischen Supermarktes ist höher als der seines hiesigen Pendants – von den Shopping Cities einmal abgesehen. Hierzulande wird das Wort Supermarkt schon für Filialen von Handelsketten verwendet, deren Verkaufsfläche weniger als 300 Quadratmeter beträgt. Dennoch produzieren auch die kleinen Supermärkte mit ihrer gedrängten Atmosphäre und der Angewohnheit, gewisse Waren nur in kleiner Stückzahl auszulegen, eine spezielle Wahrnehmungsstruktur: das langsame Vorbeifahren an den Warenregalen erfordert eine gesteigerte Konzentration – sowohl für den Fall, dass man sich einen Einkaufszettel vorbereitet hat, vor allem aber wenn man sich als Spontankäufer vom Angebot leiten lässt. Der Blick des Käufers ist gebunden; es ist klug, ihm eine mühsam antrainierte horizontal-vertikale Organisation zu geben, dabei mit langsamer Systematik alle Regale zu erfassen und die Bedürfnisse der eigenen Haushaltung mit den angebotenen Waren in Beziehung zu setzen. Es gibt Personal, dem man Fragen stellen kann, auch die spontane Begegnung mit der Nachbarin ist möglich, sowie die störende Begegnung mit dem Mitmenschen, der ein Regal blockiert oder aber die eigene Entscheidungsfindung als Blockade erlebt, grundsätzlich aber ist man im Prozess der Prüfung des Angebots alleine. Wer einen Einkaufswagen füllt, hat buchstäblich bis zu einhundert Entscheidungen zu treffen, und zwar nach zwei prinzipiellen Kriterien: Welches Gut brauche ich und welche Marke soll ich kaufen? Jede Entscheidung kann falsch sein und wird dann möglicherweise innerfamiliär sanktioniert: Man kann das Spülmittel vergessen und man kann das Früchtejoghurt kaufen, das die Kinder zwar bisher verschlungen haben, das sie aber aus unerfindlichen Gründen derzeit ablehnen. Im extremen Fall kann der im Supermarkt aufgebaute Stress zu einem Kontrollverlust führen, und man wirft ab einem bestimmten Zeitpunkt die Waren unkontrolliert in den Korb. Das heißt, selbst wenn wir von der lästigen Notwendigkeit absehen, dass man im urbanen Bereich die Güter in zwei schweren Plastiksäcken nach Hause schleppen muss: Der Einkauf im Supermarkt ist eine schwere Arbeit, und der Lohn ist gering – er besteht eigentlich nur darin, dass die Haushaltung weiter ihren gewohnten Gang geht. Man hat drei Kilo Waschpulver nach Hause getragen und jetzt kann wieder gewaschen werden. Einkaufen ist frustrierend, und dieser Umstand hat die Popularität jener bestimmten Einkaufsform gefördert, die über den besonders niederen Preis den Kunden finanziell zu belohnen scheint.

Ideologisch einkaufen: COOP und KONSUM

Eine Rekonstruktion der Handelsstruktur vom Wiederaufbau übers Wirtschaftswunder bis zur Konsumgesellschaft darf auf eine allmählich aus dem kollektiven Gedächtnis verschwindende Besonderheit nicht vergessen: die Bewegung der Konsumgenossenschaften (COOP), ein wichtiger Bestandteil dessen, was Ralf Dahrendorf das »sozialdemokratische Jahrhundert« genannt hat; ihr Zusammenbruch – in Österreich verbunden mit einer der größten Pleiten der Zweiten Republik – fällt nicht zufällig zeitlich mit dem Ende dieses »Jahrhunderts« zusammen. Die Idee einer ideologisch inspirierten Bewegung von Konsumenten geistert noch heute in den Köpfen von Alternativen herum, dieser historische Vorläufer hat zudem mehrere Trends vorweggenommen, die immer noch zu unserer Handelswelt gehören.

Einem Konzept des Austromarxisten Karl Renner zufolge, sollte die Macht der Arbeiterbewegung auf drei Säulen basieren: der sozialdemokratischen Partei, dem Gewerkschaftsbund und den Konsumgenossenschaften. Der KONSUM, wie er genannt wurde, war in der Zwischenkriegszeit ein modernes Projekt und hat – genauso wie seine christlichsozial dominierte, im ländlichen Bereich tätige Konkurrenz, die »Lagerhäuser« der RAIFFEISENKASSEN – in gewisser Weise die Handelsketten vorweggenommen. Der die Nahversorgung dominierende und am Profitprinzip orientierte Kleinhandel galt als parasitär; der KONSUM als Alternative sollte durch einen zentralisierten Einkauf in großer Stückzahl und durch eigene Non-Profit-Läden eine billige Versorgung der arbeitenden Bevölkerung vor allem im Nahrungsmittelsektor garantieren. Der KONSUM »gehörte« seinen Mitgliedern und schüttete am Jahresende eine Art Dividende aus, die zu seinen besten Zeiten eine Rückvergütung von drei Prozent der getätigten Einkäufe umfasste. Auch das ist eine Maßnahme, die heute noch von Ladenketten zur Verstärkung der Kundenbindung angewandt wird. Eine weitere Neuerung des KONSUM bestand in der Erfindung von Eigenmarken, hergestellt von Betrieben, die im Eigentum der Genossenschaft standen. In den an Gütern armen Jahren des Wiederaufbaus ging die Reichweite des KONSUM über das, was damals als Arbeiterklasse galt, hinaus. Der Niedergang des KONSUM lief Parallel zur Steigerung der Konsumbedürfnisse: das Publikum begann *plötzlich* sein Warenangebot als karg zu erleben, die neugegründeten Handelsketten mit ihren sogenannten Supermärkten konkurrenzierten ihn nicht nur auf der Ebene eines etwas glamouröseren Warenanbots, sondern auch auf der des Preises. Zeitgleich mit der Integrationskraft der Arbeiterbewegung sank die ideologische Bindung der Kunden an den KONSUM. Der Umstand, dass das Unternehmen seine Führungskräfte mehr nach ideologischen Kriterien auswählte und Führungspositionen oft als Versorgung für ausgediente Funktionäre der Arbeiterbewegung nützte, machte es unflexibel und ruinierte es letztlich.

Interessant ist die organisatorische Struktur des KONSUM: Obwohl die große Zeit der Arbeiterorganisationen vorbei war, fühlte man sich immer noch als Mitglied einer oppositionellen Gemeinschaft, einer »Gegenwelt« zu der vom kapitalistischen

Profitprinzip beherrschten Welt des Handels. Man war auch Bestandteil einer hierarchischen Organisation und konnte in seinem KONSUM eine Funktion übernehmen, die manchmal als Sprungbrett einer größeren Karriere in der sozialdemokratischen Bewegung fungierte. In zwei zentralen Kriterien unterschieden sich die Konsumläden nicht nennenswert von der Konkurrenz: Sie hatten wohl den gleichen »Erlebniswert« wie diese und beanspruchten eine ähnliche »Ökonomie der Aufmerksamkeit«. Einen immer noch aktuellen Trend praktizierte der KONSUM insofern, weil der Erwerb von Gütern einen über sich selbst hinausreichenden Zweck hatte: Der Einkauf war narzisstisch hoch aufgeladen, der Kunde des KONSUM lebte eine Alternative zum Kapitalismus und hatte jene Form von gutem Gewissen, das einem heute der Bio-Laden oder die Kette der BODY-SHOPS vermitteln. Auch gehörte die Mitgliedschaft in der Bewegung zum proletarischen Lebensstil und hatte einen ähnlichen Signalcharakter wie der Erwerb von NIKE-Produkten in den 90er Jahren durch eine »selbstbestimmte Frau«.

Die protestantische Ethik und der Geist des Wiederaufbaus

Der Wiederaufbau, das spätere Wirtschaftswunder und die Transformation einer Mangelökonomie in eine am Überfluss orientierte Konsumgesellschaft stellen eine gigantische Leistung der beteiligten Generationen von Wirtschaftssubjekten dar. Die damit verbundene notwendige Anspannung wurde ökonomisch belohnt, doch hinter jedem wirtschaftlichen Handeln steht eine Mentalität, die sich auch aus nichtökonomischen Quellen speist. Die Psychoanalytiker Alexander und Margarete Mitscherlich haben in ihrer 1967 erschienen Untersuchung zur Nachkriegsmentalität, *Die Unfähigkeit zu trauern*, der deutsch-österreichischen Bevölkerung eine »Derealisierung« attestiert. »Eigentlich« hätten der Verlust des kollektiven Liebesobjekts Adolf Hitler und die Einsicht in die Komplizenschaft mit einem verbrecherischen Regime die Verlierer eines ehrgeizigen Angriffskrieges in eine kollektive Melancholie treiben müssen. Doch diese sei durch die kollektive »Manie« des Wiederaufbaus »abgewehrt« worden. Die Mitscherlichs führen den Wiederaufbau als ein chaotisches Projekt vor, in dem das Interesse an einer Rekonstruktion der beschädigten Wertvorstellungen eine geringe Rolle spielte und der Dialog zwischen den Generationen fast völlig zum Erliegen kam – zwei schlagworthafte Titel von Untersuchungen Alexander Mitscherlichs, *Die Unwirtlichkeit unserer Städte* und *Die vaterlose Gesellschaft*, illustrieren diesen Trend.

Dass sich der Wiederaufbau unter den Bedingungen der Manie und der Derealisierung abspielte, erklärt ihn allerdings nur teilweise. Das Wort »Wirtschaftswunder« – inklusive seiner religiösen Komponente – sollte ernst genommen werden. Ökonomen mag es in Zahlen messbar gewesen sein, doch für die beteiligten Menschen hatte die Gütervermehrung und die neue Legitimität von Bedürfnissen wirklich den Charakter eines Wunders. Das mit dem Wirtschaftswunder verbundene rauschhafte Gefühl der Selbstbestätigung verweist allerdings nicht nur auf die Mitscherlichsche Manie, sondern man kann es auch im Kontext einer Neuauflage des von Max Weber konstatierten Zusammenhanges zwischen der *Protestantischen Ethik und dem Geist des Kapitalismus* sehen. Dass im Verlauf der Jahrzehnte das ehemalige Wunder so selbstverständlich wurde, dass der Sozialstaat es auf Pump prolongierte, nachdem die ihm zugrunde liegende wirtschaftliche Leistung weggefallen war, dass die Wiederaufbaugeneration und vor allem ihre Erben in ihrem Konsum jedes Maß verloren haben, dass das asketische Element in der Lebensführung zahlreicher Pioniere des Wiederaufbaus in den Hintergrund getreten ist und die jeder kapitalistischen Wirtschaft inhärente Tendenz zur Wegwerfgesellschaft genauso ein alltägliches Phänomen wurde wie der exzessive Konsum der Playboys, Yuppies und der IT-Generation, spricht keineswegs gegen diesen Befund. Gott mag tot sein, doch Konsum und Religion sind untergründig miteinander verbunden, und wir sind gehalten, Aufstieg und Fall der protestantischen Ethik zu rekonstruieren, weil wir darin einen wichtigen Schlüssel sowohl zu »Geiz ist geil« wie auch zu den »Kampfzonen« rund um das permanente Sonderangebot und seine Anhänger, die Smart-Shopper, finden können.

Schon die heiligen Schriften zeigen eine tiefe Spaltung des Christentums in der Haltung zu Leistung und Konsum. Diese Ambivalenz zeigt bis heute Wirkung und artikuliert sich in ökonomischen und politischen Debatten, die keineswegs nur von Christen getragen werden. Eine Extrempositionen findet sich in der zweiten Epistel des Apostel Paulus an die Thessalonicher, deren drittes Kapitel sich dezidiert gegen den Müßiggang ausspricht und in moderner Terminologie »Leistung« als Voraussetzung von »Konsum« postuliert: »Und da wir bei Euch waren, geboten wir euch solches, dass, so Jemand nicht arbeiten will, der soll auch nicht essen.« Die Gegenposition findet sich als Herrenwort in Matthäus, 6. Jesus stellt uns nicht nur den Erwerb von Gegenständen, die über den täglichen Bedarf hinausgehen (»Schätze«) als absurdes Unternehmen dar, sondern legt auch – im Namen eines wohl spirituell definierten »Lebens« – eine fundamentale Gleichgültigkeit gegenüber jeder Sorge um Nahrung und Kleidung an den Tag. »Sehet die Vögel unter dem Himmel an; sie säen nicht, sie ernten nicht; sie sammeln nicht in die Scheunen; und euer himmlischer Vater nähret sie doch. Seid ihr denn nicht viel mehr, denn sie.« Zwischen diesen beiden widersprüchlichen Positionen liegen vermittelnde Imperative zur Solidarität, zum Teilen und zu guten Werken.

Die historische Leistung der protestantische Ethik liegt für Max Weber darin, der traditionellen christlichen Ambivalenz eine Eindeutigkeit gegeben zu haben, die dem Kapitalismus auch in katholischen Ländern als Fundament diente: Arbeitsunlust ist ein Symptom des fehlenden Gnadenstands. Für Weber ist der Kapitalismus als Wirtschaftssystem also keineswegs das Produkt technologischer Innovationen und damit verbundener Verdienstmöglichkeiten, sondern »ein Erzeugnis der Reformation«[2]. Die protestantische Ethik hätte den Wirtschaftssubjekten aus dem Fundus des Christentums stammende »psychologische Prämien« geboten – das wirft die Frage nach der Existenz solcher Prämien im Projekt des Wiederaufbaus auf.

Wenn Weber mit seiner technisch neutralen Beschreibung das Leitmotiv der damals neuen Wirtschaftsform des Kapitalismus vorstellt, dann scheint er Positionen der Konsumkritik vorwegzunehmen: »Der Mensch ist auf das Erwerben als Zweck seines Lebens, nicht mehr das Erwerben auf den Menschen als Mittel zum Zweck der Befriedigung seiner materiellen Lebensbedürfnisse bezogen.«[3] Doch Weber unterscheidet sich von der späteren Kapitalismuskritik durch den Hinweis, dass der Kulturinhalt dieses Leitmotivs vor allem in einer Periode der »radikalen Entzauberung der Welt« paradoxerweise nicht frei von religiösen Elementen sei. Im Kapitalismus seien nicht nur »asketische Tugenden« in die Berufswelt geflossen, Weber fragt sogar, »ob nicht der ganze Gegensatz zwischen Weltfremdheit, Askese und kirchlicher Frömmigkeit auf der einen Seite, Beteiligung am kapitalistischen Erwerbsleben auf der anderen Seite geradezu in eine innere Verwandtschaft umzukehren sei«[4].

Ausgehend von Calvins *Institutio Christianae Religionis* von 1536 zitiert Weber zahlreiche religiöse Schriften und Traktate, die lehren, dass die bewusst gewordene Chance zum »gut leben« einen Ruf Gottes (»Calling«) darstellt, den man befolgen müsse und dass sich Gottes Gunst am materiell messbaren Erfolg ablesen lasse, dem Lohn für die Fleißigen und Sparsamen. Wer im Leben etwas leistet, kann auch auf Belohnung im Jenseits zählen: man darf »für Gott arbeiten, um reich zu sein«[5].

Reichtum und Besitz als Konsequenz des geschäftlichen Erfolges hatten damit zwar ihr biblisches Stigma verloren, doch bargen sie gleichzeitig die vom Christenmenschen zu meisternde Versuchung zur furchtbaren Sünde des Müßigganges: »Das sittlich wirklich Verwerfliche ist nämlich das *Ausruhen* auf dem Besitz, der *Genuss* des Reichtums mit seiner Konsequenz von Müßigkeit und Fleischeslust, vor allem von Ablenkung von dem Streben nach ›heiligem‹ Leben.«[6] Askese und die »rastlose, stetige, systematische, weltliche Berufsarbeit« galten als das einzige

Remedium, als die »sicherste und sichtbarste Bewährung des wiedergeborenen Menschen«[7].

Die gigantischen Vermögen des Frühkapitalismus entstanden durch jenen gepriesenen »asketischen Sparzwang«, und auch die großen amerikanischen Vermögen der Pionierphase sind von Männern geschaffen worden, die von einer ähnlichen ökonomisch-religiösen Mentalität geleitet waren. Für John D. Rockefeller war die Gabe, Geld zu verdienen, eine Gabe Gottes, ein Pfund mit dem wir wuchern müssen, so gut wir können. Rockefeller führte ein asketisches Leben, am freien Sonntag fegte er die Kirche und erteilte den Kindern Bibelunterricht. Dem Wunsch Gottes blieb er auch in einem anderen Bereich treu: Er verschenkte nach heutigem Geldwert etwa sechs Milliarden Dollar. Doch der von Weber diagnostizierte Widerstand der Erlösungsreligionen gegen Reichtum und Macht, der aus der Erfahrung begründet ist, dass die »satten Schichten das Bedürfnis nach Erlösung (...) nur in geringerem Maße besaßen«[8], basiert wohl auf einer soliden empirischen Basis. Die Biografien der Pioniere des Kapitalismus zeigen, dass die protestantische Ethik den Keim ihrer Selbstzerstörung in sich trägt: »Je reicher Vanderbilt wurde, desto knauseriger wurde er. Gelegentlich gab er wohl hier und da eine große Summe für kirchliche oder philantropische Zwecke, aber für gewöhnlich war er von unglaublicher Filzigkeit. In ihm vereinigte sich die kleinliche Schacherseele des Kaufmanns mit der ungeheuren Raubgier des Magnaten. (...) Sein Erwerbssinn war aber durch die lange Entwicklung so ausgeprägt, dass er über die Grenzen der Passion hinausging und zur Monomanie geworden war.«[9] Die Magnaten verschrieben sich – ungeachtet ihrer ostentativen Philantropie – der hässlichen Seite des Kapitalismus: dem Betrug, der Steuerhinterziehung, der politischen Korruption.

Ähnliches ereignete sich auf der Ebene des Konsums: Dass »die innerweltliche protestantische Askese (...) die Konsumtion, speziell die Luxuskonsumtion, ein(schnürte)«[10], galt nicht allzu lange und verpflichtete die Folgegenerationen kaum. Was wir heute Konsumgesellschaft nennen, enthält in seiner Totalität auch Elemente der Abkehr von der protestantischen Ethik, die uns noch des öfteren beschäftigen werden. Gerhard Schulze hat die Vorstellung von einer permanenten »Erweiterbarkeit« der Bedürfnisse als zentralen Bestandteil des »Steigerungsspiels« der Moderne beschrieben: »Die Moderne hat Konsumenten hervorgebracht, die ihr Wollen als etwas begreifen, das nach oben hin offen ist.«[11] Gerade das eng mit dem Kapitalismus verbundene »Glücksversprechen der Moderne« plus der Krisenanfälligkeit dieses Wirtschaftssystems sind weitere Faktoren, die dazu tendieren, die protestantische Ethik inklusive ihrer ökonomisch dynamischen Elemente außer Kraft zu setzen. Ein anderer Faktor ist die Wirtschaftsmentalität des »sozialdemokratischen Jahrhunderts« mit seiner Tendenz zur sozialen Sicherheit und zur Entkoppelung von individuellem Wohlstand und mit Risiko verbundener Leistung.

Der Wiederaufbau mit seiner Rastlosigkeit, seinem hohen Arbeitsethos und der Askese eines Teils seiner Pioniere brachte eine Neuauflage der protestantischen Ethik. Auch hier können wir den Umschlag von einer leistungsorientierten Mentalität in die der ihr folgenden »Anspruchsgesellschaften« der »Selbstverwirklichungs-« und »Individualitätsgeneration« und später der von Florian Illies beschriebenen »Generation Golf« beobachten. In beiden Fällen gilt die Feststellung des Francis Fukuyama: »Die kapitalistische Arbeitsmoral wurde ihres geistig-religiösen Fundaments beraubt, und es entstand eine Kultur, in der schneller Konsum legitim und wünschenswert ist.«[12] Allmählich geriet in Deutschland und Österreich der Konsum aus dem Ruder – soziale Milieus, deren Mitglieder traditionell den zweigeteilten Kleiderschrank nützten (links das Abteil zum Aufhängen, rechts das zum Ablegen von Textilien), benötigten auf einmal eine »Garderobe«.

Der Wiederaufbau und die »Unfähigkeit zu Trauern«

Doch wo bleibt die »psychologische Prämie«, die ja ein zwingender Bestandteil der protestantischen Ethik ist? Der Wiederaufbau vollzog sich unter der mentalitätsmäßigen Bedingung von Nietzsches »Gott ist tot« und hatte keine unmittelbar religiöse Komponente. Doch die zitierte Studie der Mitscherlichs lehrt, dass ihm jene »psychologische Prämie«, die ein zwingender Bestandteil der praktizierten protestantischen Ethik ist, keineswegs fremd war. Für die beiden Analytiker spielen die Beziehung der Menschen zu den Gütern keine nennenswerte Rolle; ihre Arbeit konzentriert sich auf die emotionelle Verarbeitung des Nationalsozialismus und ignoriert beispielsweise das traumatisierende Potenzial der totalen »Güterlosigkeit« eines Teils der Bevölkerung. Doch das manische Projekt zur Herstellung einer fragwürdigen Normalität war auch von einer enormen Gier nach Gegenständen geleitet. Der Versuch einer gigantischen Überhöhung der verlorenen Dingwelt gehorchte auch einer anderen Logik als der des Ausgleichs des Mangelerlebnisses der Wirtschaftskrise, des Faschismus und der Kriegsjahre. Die Kriegswirtschaft hatte – von einer kleinen Schicht von Profiteuren abgesehen – die Initiative des Einzelnen eingebremst. Die populäre Selbstviktimisierung des deutschen und des österreichischen Volkes, die Idee »Wir waren Opfer« und »Adolf Hitler war schuld«, gewann eine innere Evidenz durch das Kontrastgefühl zwischen den Mangeljahren des Nationalsozialismus und der individuell erlebten wirtschaftlichen Dynamik und ihrer Belohnung im Zeichen des Konsums. Der aus scheinbar eigener Tüchtigkeit geschaffte Wiederaufbau (denn der Marshall-Plan als Rahmenbedingung spielte im öffentlichen Bewusstsein eine geringe Rolle) restituierte das im Zug der Entnazifizierung verpönte Gefühl von der eigenen »Auserwähltheit«: Der wirtschaftliche Erfolg beweist (auch), dass wir doch nicht schuldig waren. Die »Volksgemeinschaft«, ein streng geregeltes Konstrukt, das sich schuldig gemacht hatte und diese Schuld nicht wahrhaben wollte, verwandelte sich in eine kindlich-unschuldige Konsumgemeinschaft. Wer diese These bezweifelt, sollte sich einmal Unterhaltungsfilme aus den 50er Jahren ansehen. Tüchtig arbeiten, Leistung zeigen und sich dann im Konsum selbst dafür belohnen – das waren allgemein akzeptierte Prinzipien des Wiederaufbaus. Die calvinistische Idee der »Auserwähltheit« wurde dabei säkularisiert – »Leistung« war der zentrale Beleg für »Unschuld« an den Verbrechen des Dritten Reiches und darin liegt wohl ein Pendant zu der von Weber angesprochenen »psychologischen Prämie«.

Anerkennung, Prestige und Konsum

Doch warum haben asketische Haltungen ein Permanenzproblem und schlagen so schnell in eine Neigung zum ostentativen, ja zum Luxuskonsum um? Bei Hegel findet sich eine allgemeine Antwort auf diese Frage: Ihm zufolge haben die Menschen natürliche Bedürfnisse, die sich auf Objekte außerhalb ihrer selbst richten. Der Mensch unterscheidet sich dabei insofern fundamental vom Tier als er »anerkannt« werden will. Dieses zunächst einmal recht unschuldige Bedürfnis wird dann spezifiziert: der Mensch begehrt die Begierde der anderen Menschen. Mit diesem Bedürfnis nach Anerkennung ist ein ganzer Komplex von Emotionen verbunden: Gier, Neid, Wut, Scham und Stolz. Hegel sieht in ihnen die Triebkräfte des gesamthistorischen Prozesses und sie spielen auch auf der Ebene des Konsums eine zentrale Rolle. Sie sind verantwortlich für jenes fundamentale Bedürfnis nach Prestige, das den Menschen zu einem außengeleiteten Wesen macht.

Für Hegel gibt es auch »irrationale Formen der Anerkennung« und die kann man wohl im Luxuskonsum orten. Es war kein Hegelianer, sondern ein Außenseiter der amerikanischen Soziologie, Thorstein Veblen, der vor nahezu einhundert Jahren in seiner *Theorie der feinen Leute* jenen zwingenden Umschlag von der Askese zum Luxus beschrieben hat. Veblen sieht die Menschheitsgeschichte von dem Widerspruch zwischen egoistisch, aggressiv, ja räuberischen Instinkten und dem Bedürfnis nach einer auf das gesellschaftliche Ganze bezogenen nützlichen Arbeit bestimmt. Den Finanzmagnaten unterstellt er keineswegs ein Webersches »Calling«, sondern ein Bedürfnis, sich vor anderen Menschen auszuzeichnen und so »Prestige« zu erlangen. Dieses Prestige ist allerdings von den Zeitumständen abhängig: In angespannten Zeiten wie einem Krieg oder eben auch dem Wiederaufbau erlangt man es durch herausragende Leistungen – der Wiederaufbau trug ja alle Zeichen eines heroischen Projekts, die Teilnahme an ihm garantierte Ansehen, und der in ihm erworbene Reichtum belegte die Verdienste eines »Wirtschaftspioniers«. Doch diese Konstellation ist Veblen zufolge ähnlich labil wie die protestantische Ethik. In friedlichen Zeiten ist es der luxuriöse Müßiggang, der Prestige bringt – das beschreibt wohl die Generationenabfolge von den Wiederaufbaupionieren zu ihren Söhnen, den Playboys der 50er, ihren Enkeln, der Selbstverwirklichungsgeneration der 60er und 70er Jahre und schließlich der Erbengeneration der 90er Jahre. Wenn Besitz an Gütern als Grundlage von Selbstachtung dient[13], dann ist es nur ein kleiner Schritt von der Bindung an Besitz als Zeichen der Auserwähltheit zur Säkularisierung dieses Gefühls, zu einem Streben nach prestigeträchtigen Besitz ohne Leistungsverpflichtung und deren Ersatz durch exzessiven Konsum. Veblen liefert eine vernünftige Erklärung für das, was die Konsumkritik später den Konsumterror nennen wird: den Neid und das Bedürfnis, sich vor anderen hervorzutun – auch durch den Konsum sinnloser Gütern. Wir alle hätten uns von der »Würdelosigkeit« der billigen Dinge und von der Gleichung »billig und schlecht« überzeugen lassen. Daraus gebe es nur eine Konsequenz: »Nur Verschwendung bringt Prestige.«[14]

Und tatsächlich: Sobald das Wirtschaftswunder voll etabliert war, begann die Konjunktur eines ostentativen, am Prestige orientierten Konsums. Der großspurig auftretende, neureiche Deutsche mit Zigarre und einem MERCEDES-Coupé hat bis heute einen Platz im Kanon europäischer Filmfiguren und wurde und wird von Schauspielern wie Gert Fröbe oder Mario Adorf mit großem Erfolg verkörpert. Die Verknüpfung von Konsum und Prestige war allerdings von Anfang an durch die Massenproduktion gefährdet und so hat auch der Kampf gegen die vermeintlichen Usurpatoren schon früh begonnen. Als etwa OPEL versuchte, den prestigeträchtigen MERCEDES-Modellen mit seinen billigeren Limousinen KAPITÄN und ADMIRAL Konkurrenz zu machen, wehrten sich die Gert Fröbes mit dem bösen Spruch: »Wer OPEL fährt, nimmt auch Trinkgeld.«

Solche Nebeneffekte des von Veblen beschriebenen Mechanismus werden uns noch vielfach beschäftigen. Rund um sie werden sich »Kampfzonen« bilden, und diese Nebeneffekte markieren wohl auch den Punkt, wo sich die Smart-Shopper und die Anhänger von »Geiz ist geil« voneinander unterscheiden. Dass ein Gut Prestige vermittelt, dient bis heute in der Werbung zahlreichen Marken als die wichtigste Verkaufshilfe. Rund um den Besitz eines prestigeträchtigen Markenprodukts – etwa eines JAGUAR – herrscht eine Atmosphäre von Neid und dem Gefühl, einer selbsternannten Gruppe von »Auserwählten« anzugehören. Doch schon Veblen wusste: Der Prozess der Erlangung von Prestige durch Konsum findet nie ein befriedigendes Ende, die Güter drängen zu einer ständigen Intensivierung des Konsums und das ihnen innewohnende Enttäuschungspotential ist hoch.

Konsum und die Enttäuschung der Moderne

Konsumiert haben die Menschen immer, doch keine historische Periode hat den Konsum und das Glück derart intensiv miteinander verknüpft wie die Moderne. In ihr wurde der »pursuit of happiness«, dem Recht, das eigene Glück zu verfolgen, der Status eines den »happy few« zustehenden Privilegs genommen. Die Warenproduktion bot dabei eine ideale Struktur, in der sich ein vorgebliches Glück entfalten konnte – das Glück der Produzenten und Händler, die mit materiellen Gütern Reichtum erwerben können, und das der Konsumenten, die dem von der Werbung ins Unendliche multiplizierten speziellen Glücksversprechen der

Waren trauten. Auch sind die Ideen der Freiheit und der Selbstbestimmung in der Moderne mit dem Konsum eine feste Koalition eingegangen – Konsummöglichkeiten sind auch in Gesellschaften, deren materielle Grundversorgung gesichert ist, ein Politikum geworden.

Es ist also kein Zufall, dass in der mentalen Opposition der Bevölkerung der DDR ein dort rares Konsumgut – die Banane – Symbolcharakter erhielt. Totalitäre Systeme wie der Nationalsozialismus, der Stalinismus, Castros Kuba und die Koreanische Volksrepublik des Kim Jong Il sind meistens Mangelgesellschaften, in denen dieser Mangel in einer die Konsumenten frustrierenden Weise ideologisch überhöht wird. Dass ihm gegenüber Güter Freiheit symbolisieren, ist nachvollziehbar – für Smith, den Protagonisten aus George Orwells *1984*, ist es zunächst ein gläserner Briefbeschwerer, der ihm die Idee einer nicht vom »großen Bruder« bestimmten Welt plausibel macht. Dass der Zusammenhang zwischen »Freiheit« und »Besitz« allerdings tiefer sitzt, zeigt die American Riffle Association, welche die Idee der politischen Freiheit mit dem Besitz eines gefährlichen Gegenstandes, der Waffe, verbindet. Die Macht über Leben und Tod, die Möglichkeit, sich gegen Gefahren zu schützen, eine die Geschlechter übergreifende Idee von wehrhafter Virilität, Selbstbestimmung durch Gewaltausübung – all das sind die tatsächlichen Konnotationen von Waffen, und sie zeigen, dass Güter in der Moderne eine extrem multiple Metapher darstellen.

Wem ein begehrtes Gut fehlt, der verspürt einen klar definierten Mangel. Dieser Mangel kann sich in eine existenzielle Grundstimmung verwandeln und kann zur Erlebnisform ganz anderer Mangelgefühle werden und letztlich als Symbol eines generellen Mangels erlebt werden. Der Kapitalismus lebt gewissermaßen von dem Mechanismus, dass das existenziell fundamentale Gefühl des ungestillten Bedürfnisses, eines diffusen Mangels, einer sozusagen statistisch nicht nachvollziehbaren Armut und einer mit ihr korrespondierenden Leere, sich so leicht an einem Mangel an Gütern festmachen kann. So war es wohl in jener Zeit, als das Auto einen geradezu kultischen Status besaß, ein nachvollziehbar schweres Schicksal, in einer kohärenten Gruppe zu leben, in der man als einziger kein Auto besaß. Doch diese Umleitung von existenziellen Mangelgefühlen hat nur den Charakter eines Symptoms – das Leiden bleibt, auch wenn das Symptom kuriert ist. Und dieser Prozess bekommt eine neue Qualität, wenn plötzlich ein genereller Überfluss da ist und sich herausstellt, dass der Besitz an Gütern das diffuse Mangelgefühl unberührt lässt. Etwa zwanzig Jahre nach Kriegsende war dieser Zustand in den Ländern des Wirtschaftswunders erreicht.

2. Nachruf auf die Konsumkritik

Wer heute in einer Internet-Suchmaschine den Begriff »Konsumismus« eingibt, findet – je nach Programm – zwischen 25.000 und 45.000 Nennungen. Zugespitzt ist der Suchende mit zwei Extrempositionen konfrontiert: Die minoritäre Position artikuliert sich derzeit häufig rund um das *Konsumistische Manifest*[15] des umtriebigen Norbert Bolz. Letztlich handle es sich beim Konsumismus um eine recht unschuldige Lebensform, und es sei um einiges vernünftiger, meint Bolz, anstelle des westlichen Universalismus der Menschenrechte den »konsumistischen Virus« zu exportieren – Konsum sei eine »liberale, unblutige Form, sich Anerkennung zu verschaffen« und immunisiere seine Anhänger gegen die religiösen Heilsversprechen etwa des Fundamentalismus.

Dominiert werden die im Netz durch zahlreiche Links verknüpften Aussagen zum Konsumismus von der zweiten Extremposition. Sie steht in der Nachfolge des angeblichen Erfinders des Begriffes, Pier Paolo Pasolini, der seinen *Freibeuterschriften* den signifikanten Untertitel *Die Zerstörung der Kultur des Einzelnen durch die Konsumgesellschaft* gegeben hat.[16] Der Begriff hat sich derart durchgesetzt, dass ihn mittlerweile selbst der Papst in der Enzyklika *Sollicitudo rei socialis* verwendet und die damit gemeinte Lebensform als übertrieben, total und sinnentleert kritisiert. Das Wohl anderer Menschen, so ein anderer Kleriker, sei den Anhängern des Konsumismus eher gleichgültig und es sei daher unmöglich, als Christ in einer marktwirtschaftlich organisierten Welt zu leben, in der die Wirtschaftswissenschaftler die Rolle der Priester übernommen hätten. In unzähligen Variationen wird uns im Netz der »real existierende Konsumismus« der westlichen Gesellschaft als der große Schuldige an den Missständen der mittlerweile globalisierten Welt vorgeführt: dem jugendlichen Rechtsradikalismus, der Kriminalität, der Umweltverschmutzung, der Zerstörung von Ehe und Familie, dem Militarismus. Selbst an den Integrationsproblemen muslimischer Mitbürger, so der Integrationsbeauftragte einer deutschen Kleinstadt, sei der Konsumismus der Ureinwohner schuld.

Wer sozusagen die Festplatte der Geistesgeschichte durchsucht, wird zunächst einmal feststellen, dass die Frage des Konsums für viele Philosophen kaum ein Thema darstellte, auch wenn sie sich in ihrer persönlichen Lebensführung für eine extreme Position, den Luxus (Voltaire) oder die Askese (Wittgenstein), entschieden hatten. Das Wissen, dass das Privileg einer Minorität, im Überfluss zu leben, auf der harten Arbeit einer anonymen Masse basiert, die von diesem Privileg ausgeschlossen ist, gehört zu den nur selten besprochenen Kontinuitäten der Geistesgeschichte nicht nur der westlichen Kultur. Generell kann man beobachten, dass die Askese sich seit Diogenes lauter, spektakulärer und mehr um Gefolgsleute bemühend artikuliert hat als der häufig tabuisierte Hedonismus, der Tugend und Genussfähigkeit als gemeinsam auftretende Eigenschaften behandelte. Mäßigkeit, Einfachheit, Abhärtung und die Gesundheit des Leibes und der Seele werden seit Pythagoras miteinander assoziiert, und seit Demokrit gilt der als mannhaft, der seiner Lüste Herr wird – für den Zyniker Antisthenes war jener ein Sklave, der sich von seinen Lüsten beherrschen ließ, und als höchste Tugend galt ihm die Bedürfnislosigkeit. Heraklits stolzes »Ich erforschte mich selbst« verknüpft in einer dem damaligen Zeitgeist entsprechenden Weise das mangelnde Interesse an den Dingen mit der Introspektion und leitete über zu Platons »reinen« Lustgefühlen am Schönen und an der Erkenntnis.

Konsumdebatten fanden regelmäßig dann statt, wenn das Wort Luxus ins Spiel kam. Sowohl der antike Gesetzgeber wie auch die christliche Scholastik lehnten ihn ab. Luxus galt als Laster, das den Menschen auf irdische Güter orientierte, ihn über den Rahmen seines gottgewollten Standes hinaushob und ihn seiner religiösen Bestimmung entfremdete. Dass die Dinge und die Möglichkeiten des Konsums den Menschen zu seinem Nachteil verändern, war auch die Ausgangsposition des jungen Karl Marx vor seinem lebenslangen und unvollendeten Versuch, das Geheimnis der politischen Ökonomie zu entschlüsseln: »Mit der Masse der Gegenstände wächst daher das Reich der fremden Wesen, denen der Mensch unterjocht ist, und jedes neue Produkt ist eine neue *Potenz* des wechselseitigen Betrugs und der wechselseitigen Ausplünderung.«[17] Zumindest dieses marxistische Theorem hat im Netz den Zusammenbruch des sozialistischen Weltsystems überlebt.

Aber gerade die politische Ökonomie versöhnte sich schnell mit der überbordenden Welt der Güter und dem Luxus. Schon Montchrestien, der Verfasser einer *Économie politique*, plädierte 1615 aus ökonomischen Gründen für die Förderung der Luxusproduktion, Merkantilisten wie William Petty folgten, und die frühe Aufklärung – Montesquieu und Voltaire – schätzte den sozialen Nutzen des Luxuskonsums wegen der damit verbundenen Vollbeschäftigung. Zwischen diesen beiden Extrempositionen fanden sich seit Konfuzius immer wieder Versuche, eine »Mitte« im Konsum herzustellen und die extremen Positionen des Sonderlings Diogenes, des Mannes mit der skurrilen Kleidung und ohne festen Wohnsitz, ebenso zu umgehen wie die ostentative Verschwendung, welche die Bewegung der Dandys propagierte.

Man kann also in aller Vorsicht festhalten, dass die Konsumkritik der Moderne kaum neue Positionen artikulierte. Sie war – wie in allen vorhergehenden Epochen auch in jener der Industrialisierung – ein Begleitphänomen mit einer nicht allzu hohen Resonanz. Das änderte sich im deutschen Sprachraum in den 60er Jahren, als die Konsumkritik eine überraschende und bis heute nachwirkende Konjunktur erlebte. Drei repräsentative Vertreter der Konsumkritik, die sich zwischen den frühen 60er und den späten 70er Jahren artikulierten – Herbert Marcuse, Pier Paolo Pasolini und Erich Fromm –, gingen parallel zum

Zeitgeist von einem eigenwillig interpretierten Marxismus aus und stehen gleichzeitig für verschiedene Richtungen dieser Haltung. Die Zeit, als ihre Schriften leidenschaftlich diskutiert wurden, ist vorbei, und dennoch beeinflussen sie auf indirekte Weise die westlichen Wirtschaftsmentalitäten bis heute.

Wahre und falsche Bedürfnisse in der Konsumkritik der 68er

Die 60er Jahre waren Schauplatz eines innerhalb des Großteils der westlichen Kultur stattfindenden, vielfach determinierten Generationenkampfes: Rebellische Töchter und Söhne begannen das Wertsystem der Elterngeneration zu attackieren. Gleichzeitig ging die Wiederaufbauphase definitiv zu Ende – das ist wohl kein Zufall und mit ein Grund, warum die Konsumkritik mit dem Kampf um ein neues Wertsystem eine Koalition einging. Das Gefühl, in einer Mangelgesellschaft zu leben, an dem die deutsch-österreichische Gesellschaft so lange gelitten hatte, hatte für die nachrückende Generation seine Evidenz verloren, die überfüllten Kleiderschränke und die neue Tendenz zur »Wegwerfgesellschaft« zeigten, dass der Konsum auch eine absurde Komponente beinhaltete und möglicherweise gar nicht die angestrebten Güter meinte.

Ein neues Schlagwort hatte Konjunktur: das Wort von der »Konsumgesellschaft«. Wie alle Schlagworte basiert es auf einer extremen Vereinfachung. Nimmt man es ernst – und es ist ernst genommen worden –, dann schreibt es den westlichen Gesellschaften als zentrale Qualität, als Bestimmungsmerkmal, als Instrument der Kohärenz, den gemeinsamen exzessiven Konsum zu. Wenn wir aus der Rückschau die so beschriebenen Gesellschaften betrachten, waren sie allerdings extrem dynamisch. Es ist fraglich, ob die Formel als Abgrenzungsmittel zu anderen Gesellschaften taugt oder ob sie nicht mehr verspricht, als sie hält, ja ob nicht die wirklich interessanten Prozesse innerhalb der beschriebenen Zeit dahinter vernebelt werden.

Eine perfekte Fusion dieser Denkweise lieferten Herbert Marcuse 1964 erschienenen *Studien zur Ideologie der fortgeschritte-*

nen Industriegesellschaft: Der eindimensionale Mensch. Marcuse zeichnet eine Gesellschaft, deren scheinrationale Außenseite einen prinzipiellen Irrationalismus verdeckt. Dennoch schreibt er dieser Gesellschaft einen hohen Grad an Stabilität zu, ja »die Unterbindung sozialen Wandels ist vielleicht die hervorstechendste Leistung der fortgeschrittenen Industriegesellschaft«. Grundlage dieser Immobilität sei ein kollektiver Konformismus, der auf einer »zur Perfektion getriebenen Verschwendung« basiert. Die bloße Existenz eines Überflusses an Gütern korrumpiere, täusche, und enge den Handlungsspielraum der Bevölkerung ein; letztlich produziere der Konsum eine »Euphorie im Unglück«[18].

Das Problem jeder Konsumkritik – die Notwendigkeit gewisser Güter zur Lebensführung – wird bei Marcuse durch die Einführung der Unterscheidung zwischen »wahren« und »falschen« Bedürfnissen gelöst. »Die meisten der herrschenden Bedürfnisse, sich im Einklang mit der Reklame zu entspannen, zu vergnügen, zu benehmen und zu konsumieren, zu hassen und zu lieben, was andere hassen und lieben, gehören in diese Kategorie falscher Bedürfnisse. (...) Die einzigen Bedürfnisse, die einen uneingeschränkten Anspruch auf Befriedigung haben, sind die vitalen – Nahrung, Kleidung und Wohnung auf dem erreichbaren Kulturniveau.«[19] »Falsche« Bedürfnisse schädigen nicht nur den, der ihnen nachgibt, sie sind in der Regel auch »repressiv«, gehen auf Kosten anderer und werden mit struktureller Gewalt durchgesetzt. Es ist wohl ein gutes Beispiel für die latente Kontinuität der Konsumkritik, dass diese allgemeinen Überlegungen mit den Vorwürfen, die Naomi Klein in ihrem Bestseller *No logo!* gegen NIKE erhebt, durchaus kompatibel sind.

Die Distinktion zwischen »wahren« und »falschen« Bedürfnissen ist recht vage, und es ist schwer zu entscheiden, ob es sich dabei um eine neue Version der konfuzianischen Mitte handelt oder ob sich dahinter ein prinzipiell asketisches Programm verbirgt. Vom Standpunkt des Diogenes sind fast alle Güter überflüssig, während Oscar Wilde selbst am Höhepunkt seines materiellen Erfolges über seine eingeschränkten Konsummöglichkeiten klagte. Marcuse geht davon aus, dass die damit verbundene Frage »in letzter Instanz (…) von den Individuen selbst beantwortet werden (muss), das heißt, sofern und wenn sie frei sind, ihre eigene Antwort zu geben«[20]. Doch genau diese Freiheit existiere nicht: Ein Netz von sozialen Kontrollen erzwinge »das überwältigende Bedürfnis nach Produktion und Konsumtion von unnützen Dingen. (…) Die Erzeugnisse durchdringen und manipulieren den Menschen; sie befördern ein falsches Bewusstsein, das gegen seine Falschheit immun ist.«[21]

Werbung und Manipulation

Manipulation – dieses Wort sollte für die Konsumdebatte nicht nur der 68er zentrale Bedeutung gewinnen. Die Erzeugnisse, denen Marcuse vorwarf, sie würden den Menschen manipulieren, handeln allerdings nicht eigenständig. Sie haben in der Werbung einen Sprecher, der parallel zum wachsenden Güterüberfluss und zur ebenso wachsenden Konkurrenz allmählich ein internationales Phänomen geworden war. Die Haltung gegenüber der Werbung polarisierte die Bevölkerung und die Generationen. Ein Teil der Konsumenten leugnete schlicht ihren Einfluss auf seine Kaufentscheidung und entwickelte von sich ein Selbstbild des rationalen Käufers, der sich einfach an Qualität, Preis und Zugänglichkeit einer Ware orientierte: OMO sei eben einfach besser und die Entscheidung dafür sei eine rationale und werde von der Werbung unabhängig getroffen. Der andere Teil der Bevölkerung hielt dem zahllose Beispiele entgegen: Es gebe, so hieß es etwa, ein anonymes Waschmittel, das genauso gut sei wie OMO, das aber mangels Werbeetat keiner kaufe. Diese Diskussion ist niemals abgerissen und wird heute noch im Kampf zwischen Marken und Eigenmarken geführt. Gleichzeitig begannen wilde Gerüchte zu zirkulieren. Das berühmteste ist wohl jenes vom systematischen Einsatz von unterhalb der Wahrnehmungsschwelle liegenden Werbebotschaften in Spielfilmen. Der Umsatz des angesprochenen Produktes –

meistens waren es COCA-COLA oder POPCORN – sei nach dem Ende des Filmes regelmäßig in ungeahnte Höhen gestiegen.

In der darauf folgenden Debatte hat die Haltung zur Psychologie und zur Existenz eines »Unbewussten« in uns eine entscheidende Rolle gespielt; es gehört zu den absurden Seiten der Rezeptionsgeschichte der in Deutschland und Österreich lange Zeit abgelehnten Psychoanalyse, dass die Frage, ob und wie die Werbung unser Unbewusstes manipuliere, bei der Durchsetzung von Freuds Lehren eine wichtige Rolle spielte. Werbungskritische Bücher wie das von Vance Packard, dem Herbert Marcuse »hohe Bedeutung« attestierte[22] schürten die Ängste vor den »geheimen Verführern«, die nach dem Unbewussten griffen, und machten dieses damit diskursfähig.[23]

Von nun an regierte eine neue Denkweise das progressive Feuilleton und die Gesellschaftskritik: Wir alle werden permanent manipuliert, und zwar nicht nur auf der Ebene des Konsums, sondern auch in unseren politischen Haltungen und Entscheidungen. Dass diese Idee so bruchlos akzeptiert wurde, hängt wohl auch damit zusammen, dass die Werbebranche zur Eitelkeit tendiert und sich aus Gründen der Eigenwerbung gerne eine hohe Macht zuschreibt, womit sie bis heute die Kulturkritik stimuliert. 1961 veröffentlichte etwa Ernest Dichter in den USA ein Buch mit dem Titel *The Strategy of Desire*, das auch in der deutschen Fassung unter dem Titel *Strategie im Reich der Wünsche* ein Bestseller wurde. Dieser Erfolgsbericht des selbsternannten Vaters der Motivforschung legitimiert die Ängste vor den »geheimen Verführern«. Wir beginnen allmählich, so Dichter, Mittel und Wege zu entdecken, die Verhaltensweisen der Menschen zu ändern: »Die in den letzten Jahrzehnten entwickelten Massenwerbemittel ermöglichen es uns, Millionen von Menschen so anzusprechen, dass wir vielleicht Wandlungen in ihrem Verhalten hervorrufen, die das Menschliche stärker wirksam werden lassen könnten.«[24]

Um das Menschliche und um Dichters Selbstbild als »Sozialreformer«[25] ging es allerdings nur in der Präambel, der Hauptteil des Buches mit seinen zahllosen Beispielen von erfolgreichen Kampagnen ist der Frage gewidmet, wie man manchmal eher überflüssige Güter attraktiv und damit verkäuflich macht: »Das Grundmaterial, mit dem die Schlacht des menschlichen Fortschrittes ausgetragen wird, sind die menschlichen Wünsche. Dem Sozialforscher ist die Macht, sie zu schaffen, nicht gegeben. Er kann sie stärken, kann sie den Menschen ins Bewusstsein rufen und kann Vorschläge für ihre Befriedigung unterbreiten. Auch kann er die menschlichen Bedürfnisse – zumindest vorübergehend – hemmen.« Das ist ein weitgehender Eingriff in das menschliche Verhalten, der es sich tatsächlich anmaßt, dem Konsumenten gegenüber die Stellung einer erziehenden Autorität einzunehmen: »Selbst als die Eltern kleiner Kinder stehen wir bereits vor dem Problem, Wünsche planmäßig zu leiten.«[26]

In jeder Form der Vergesellschaftung gibt es informelle Instanzen der Verhaltenssteuerung, doch eignet ihnen in der Regel eine Legitimität, die der Werbung fehlt. Mit Sätzen wie: »... wir raten (...) darauf zu achten, welche motivlichen Wirkungen eine bestimmte Strategie im Bewusstsein und im Unterbewusstsein des Angesprochenen auslösen kann«[27] – hat sich Ernest Dichter als der perfekte Pappkamerad jener angeboten, die es immer schon gewusst haben: Sobald wir die Tonne des Diogenes verlassen, manipulieren uns die geheimen Verführer und schaffen das Bedürfnis nach Dingen, die in Wirklichkeit überflüssig sind.

Das aus dem Spätlatein kommende Wort »Manipulation« hat zunächst eine recht unschuldige Bedeutung: »kunstgerechte Befühlung mit der Hand, Betastung, das Befühlen, Betasten«[28]. Diese neutrale Bedeutung ist allmählich verloren gegangen: Eine Manipulation wurde zu einem unrechtmäßigen Akt, zu einer Täuschung, einem Instrument, mit dem sich jemand etwas aneignete, was ihm nicht zustand. Die semantischen und juristischen Grenzen zwischen Manipulation und Betrug sind heute in vielen Bereichen fließend. Dass sich ein nicht geringer Teil der Konsumenten seit Jahrzehnten als »manipuliert« erlebt, hat vielfältige Konsequenzen. Diese »Erkenntnis« hat für den, der über sie verfügt, ein enormes narzisstisches Potential, das im Generationenkampf zum Tragen kam: Der informierte Sohn, der den Betrug durchschaut, ist dem törichten Vater, der das nicht vermag, überlegen. Eine Spaltung unter den Konsumenten setzte ein, unter der die in den Medien stärker präsenten Marken bis heute leiden: Hier eine wachsende Minorität, die der Industrie, dem Erwecker künstlicher (= falscher) Bedürfnisse, auf die Schliche gekommen ist, dort die Masse, die diesen Betrug nicht durchschaut. Die »Erkenntnis« hatte aber auch eine kollektiv entlastende Funktion: Der in Deutschland und Österreich herrschende Konsumrausch, nachvollziehbar nach den Mangeljahren von Krieg und Wiederaufbau, fiel nicht in die Verantwortung der Konsumenten. Wieder einmal waren »wir« unschuldig, wieder einmal hatte man uns getäuscht.

Konsumterror

Der Zusammenhang zwischen »Manipulation« und »Verbrechen« und der Umstand, dass auch der Nationalsozialismus im Verdacht stand, seine Anhänger manipuliert zu haben, öffnete den Weg für die Konjunktur eines zweiten Schlagwortes: den vom »Konsumterror«. Der Betrug wurde nicht nur als solcher durchschaut, sondern bekam geradezu gewalttätige Züge – die sanfte Verführung der Werbung wurde als brutaler Akt erlebt. Der Konsumverweigerer durfte sich als Rebell gegen ein terroristisches System fühlen – das ist wohl auch eine »psychologische Prämie« für Askese, wenn auch eine, die nur wenig mit der protestantischen Ethik zu tun hat.

Pier Paolo Pasolini, in seinem Lebensstil ein Grenzgänger zwischen Katholizismus, Kommunismus, der Welt der Outlaws und der glamourös-konsumistischen Welt des Filmes, hat uns die Botschaft der langhaarigen Konsumverweigerer so entschlüsselt: »Die Konsumgesellschaft ekelt uns an. Wir protestieren radikal. Wir schaffen durch unsere Verweigerung einen Antikörper zu dieser Gesellschaft.«[29] Obwohl auch Marcuse von einer prinzipiellen Immobilität der durch den Konsumismus stabilisierten Gesellschaft ausging, ist Pasolini in seinen Formulierungen um einiges radikaler: »Kein faschistischer Zentralismus hat das geschafft, was der Zentralismus der Konsumgesellschaft geschafft hat. Der Faschismus propagierte ein reaktionäres und monumentales Modell, das sich jedoch nie real durchzusetzen vermochte. (...) Heute dagegen ist der vom Zentrum geforderte Konsens zu den herrschenden Modellen bedingungslos und total. (...) Das Zentrum erhob seine Modelle zur Norm; und diese Norm ist nichts anderes als die der modernen Industrialisierung, die sich nicht mehr damit zufrieden gibt, dass der Konsument konsumiert, sondern mit dem Anspruch auftritt, es dürfe keine andere Ideologie als die des Konsums geben. Ein neosäkularer Hedonismus, der ahnungslos sämtliche humanistischen Werte vergessen hat und ahnungslos jeder humanen Wissenschaft entfremdet ist.«[30] Wenn man so extrem formuliert, muss man sich des Gleichklanges mit den Lesern ziemlich sicher sein. Aber wie klein ist doch das Spektrum, dass sich Kulturkritik hier selbst zugesteht! Pasolini hat diesen Text 1973 verfasst und die damalige Welt war keineswegs so monochrom, dass es »keine andere Ideologie« als die des Konsums gab. Hier zeigt sich eine der Fallen, in welche die Konsumkritik allmählich geraten ist: Die Güter wurden ob ihrer universellen Sichtbarkeit zu einem Mittel, an dem ein Unbehagen festgemacht wurde, das sich in der Folge jeder weiteren Analyse entzog. Man könnte von einer Überbewertung der Güter sprechen, doch tatsächlich sind der Konsumkritik die Güter allmählich zu einer unentschlüsselbaren Metapher geworden. Vielleicht ist es hilfreich daran zu erinnern, dass Leszek Kolakowski unsere Kultur einmal als eine »Analgetics-Culture« bezeichnet hat, die sich zahlreicher Mittel – und dazu gehört auch der Konsum – bedient, um ihre prinzipiellen Existenzängste zu reduzieren.

Pasolini hingegen ignoriert diesen Aspekt des Konsums und konzentriert sich auf dessen hedonistische Seiten. Verantwortlich für deren Durchsetzung seien die Mittelschichten, die ihr traditionelles Wertesystem aufgegeben hätten. Deren Werte hätten sich radikal verändert und seien »nicht mehr die alten, reaktionär-klerikalen, sondern die der hedonistischen Ideologie des Konsums und der daraus folgenden modernistischen Toleranz amerikanischer Machart (...). Und es war der Herrschaftsapparat selbst, der – durch die Entwicklung einer Überflussproduktion, das Anheizen der Konsumwut, die Mode, die Medien (...) – diese Werte geschaffen hat und dabei die traditionellen Werte und selbst die Kirche, die einst deren Symbol war, zynisch über Bord warf.«[31]

In seinen Schriften präsentiert sich Pasolini als ein asketischer Theoretiker, der den Mangel preist und – ganz im Gegensatz zu Herbert Marcuse – die Mangelökonomie der Sowjetunion als Sieg feiert: »Was am meisten beeindruckt, wenn man durch eine Stadt in der Sowjetunion geht, ist die Gleichförmigkeit der Menge: man bemerkt kaum einen Unterschied zwischen den einzelnen Passanten, in der Art, wie sie gekleidet sind, wie sie gehen, in ihrer Art, ernst zu sein, zu lachen, sich zu bewegen, kurz: in ihren Verhaltensweisen.« So liest der »Freibeuter« das urbane Zeichensystem Sowjetrusslands, in dem Mangel, Repression und soziale Perspektivlosigkeit eine wichtige Rolle spielen, als Triumph des Volkes, das sich die höchste Freiheit erkämpft habe: »Hier gibt es keinen Klassengegensatz mehr.«[32] Dass laut einem Bericht des Werbefachmannes David Ogilvy über eine Russlandreise der stellvertretende Ministerpräsident Anastas L. Mikoyan zeitgleich davon schwärmte, eine eigene sowjetische Werbung solle »neue Bedürfnisse wecken, den Geschmack kultivieren und den Verkauf von neuen Produkten fördern«[33], war Pasolini wohl unbekannt.

»Der Zwang zum Konsum ist ein Zwang zum Gehorsam gegenüber einem unausgesprochenen Befehl.«[34] Die Idee eines »Zwanges« zum Konsum und der Vergleich mit dem Faschismus – mit diesen beiden Punkten sind wir in der Nähe jenes hysterischen Untergrundes angelangt, auf dem das Wort »Konsumterror« entstanden ist. Terror ist mit Schrecken, Gewalttätigkeit und organisiertem Gesetzesbruch verbunden und wer von »Konsumterror« spricht, verharmlost die unzähligen realen Erscheinungen von »Terror«, die zeitgleich mit seiner Rede stattfinden. Wie kann man diese Verdrehung der Bedeutung von Terror erklären? Der Konsument nimmt ein Gut wahr und es entsteht das Bedürfnis danach, es zu besitzen. Terror kommt von außen, doch dieser Prozess findet im Inneren des Konsumenten statt. Ist das Bedürfnis unabweisbar, dann wird er das Gut erwerben. Falls er dabei nicht das erwartete Zufriedenheitsgefühl erlebt, dann hat der Gedanke, dass er mit systematischen Terror zum Kauf genötigt wurde, eine ähnlich entlastende Funktion, wie die Vorstellung von der Manipulation.

Überraschenderweise sinkt gerade dort, wo Industrie und Handel Elemente von Zwang auszuschalten versuchen, das Zufriedenheitsgefühl der Konsumenten. Diese legen beispielsweise beim Kauf großen Wert auf ein Rückgaberecht – doch je großzügiger dieses Rückgaberecht gehandhabt wird, desto mehr schmälert es die Freude am erstandenen Produkt. Der Harvard-Psychologe Daniel T. Gilbert beschreibt die Abwehrmechanismen im Falle von »kognitiven Dissonanzen«, eine Art »psychologisches Immunsystem«, mit dem wir uns irreversible Konstellationen mit Rationalisierungen »schönreden« – also etwa die Zweifel, ob man das richtige Auto gekauft habe. Und genau dieser Mechanismus wird blockiert, wenn wir die Rückgabeoption haben – der Impuls an die Psyche, das Beste aus dem vollzogenen Kauf zu machen, fehlt. Und das reduziert die Freude am Erwerb, das treibt in den lähmenden Zustand der Unsicherheit – erst das Irreversible macht wirklich Freude.[35]

»Haben« oder »Sein«?

Eine andere zentrale Idee der Konsumkritik, die eng mit der Vorstellung von Terror und Manipulation verbunden ist und bis heute ihre Nachwirkungen zeigt, liegt darin, dass beide Begriffe die Vorstellung von einer »authentischen« Existenz suggerieren. Es gibt eine »wahre Welt«, die sich deutlich von der »Warenwelt« unterscheidet, und wir sind gut beraten, diese Welt

– wie auch immer sie beschaffen ist – ins Zentrum unserer Aufmerksamkeit zu rücken. Gerhard Schulze hat diesen Gedanken erweitert und jüngst festgestellt, dass letztlich hinter jedem Erwerb eines Konsumguts ein Programm zur Überwindung von Leerzeit stecke.[36]

Die Authentizitätsfrage steht schon im Titel von Erich Fromms Bestseller *Haben oder Sein. Die seelischen Grundlagen einer neuen Gesellschaft* zentral. Eines der Mottos stammt aus den *Pariser Manuskripten* des jungen Karl Marx: »Je weniger du *bist*, je weniger du dein Leben äußerst, um so mehr *hast* du, um so größer ist dein entäußertes Leben.« Fromm attackiert die Moderne an einem für ihre Funktionsweise wesentlichen Punkt. Das Versprechen auf materiellen Überfluss und unbegrenzten Konsum als eine der Voraussetzungen des Benthamschen Mottos des »größtmöglichen Glücks der größtmöglichen Zahl« sei eine ihrer zentralen Illusionen: »Leben erst alle in Wohlhabenheit und Komfort, dann, so nahm man an, werde jedermann schrankenlos glücklich sein. Diese Dreieinigkeit von unbegrenzter Produktion, absoluter Freiheit und uneingeschränktem Glück, bildete den Kern der neuen *Fortschrittsreligion*, und eine neue irdische Stadt des Fortschritts ersetzte die ›Stadt Gottes‹.«[37]

Auch Fromm setzt Konsumismus mit Hedonismus gleich, seine Kritik argumentiert eklektisch und bezieht sich neben Freud und Marx auf Kant, Thoreau, Mystiker wie Meister Eckhart und asiatische Denker. Er führt uns eine zeittypische Charakterstruktur vor, in welcher der Wunsch zu haben zwingend in Habgier mündet und letztlich feindselig macht. Dabei unterscheidet er zwischen dem »Geist einer Gesellschaft, die zum Mittelpunkt Personen hat, und dem Geist einer Gesellschaft, die sich um Dinge dreht«[38]. Aber kann man jene Gesellschaften, die Erich Fromm in seinem langen Leben in verschiedenen Ländern erlebt hat – und zwar auch in ihrer pathologischen Seite –, als solche charakterisieren, die sich um »Dinge« drehten? In der ohne Zweifel kollektiven Pathologie des deutschen Nationalsozialismus spielten Dinge, von ihrem Symbolgehalt einmal abgesehen, eine geringe Rolle. Der Führer als kollektives Liebesobjekt, die Idee von einer Herrenrasse und ihrem vorgeblichen Opponenten, der angeblich kulturfeindlichen jüdischen Rasse, der Kult um die deutsche Frau – immer waren es »Personen«, die im Mittelpunkt standen. Der in zeitlicher Nähe zu Fromms Buch erschienene Befund des amerikanischen Historikers Christopher Lash, *Das Zeitalter des Narzissmus*, versucht die völlige Adaption der westlichen Kultur an kollektive Verhaltensnormen zu belegen, die mit einer neurotischen Disposition verbunden sind – der Stellenwert der Dinge ist hier ebenso gering wie im *Kampf der Kulturen* des Samuel P. Huntington, der zwar möglicherweise vom Neid auf Dinge intensiviert wird, der aber letztlich einen Kampf um Werte darstellt.

Der Konsumideologie, so Fromm, liege »der Wunsch zugrunde, die ganze Welt zu verschlingen, der Konsument ist der ewige Säugling, der nach der Flasche schreit«. Und weiter: »Konsumieren ist eine Form des Habens, vielleicht die wichtigste in den heutigen ›Überflussgesellschaften‹; seine Qualitäten sind ambivalent. Es vermindert die Angst, weil mir das Konsumierte nicht weggenommen werden kann, aber es zwingt mich auch, immer mehr zu konsumieren, denn das einmal Konsumierte hört bald auf, mich zu befriedigen. Der moderne Konsument könnte sich mit der Formel identifizieren: *Ich bin, was ich habe und was ich konsumiere.*«[39] Die Argumentation ist widersprüchlich, der erste Teil mag als empirischer Befund haltbar sein, doch der plakative Schlusssatz markiert einen Bruch. Mag Fromm auch die historische Erfahrung des Nationalsozialismus ignoriert haben, seine Conclusio ist immer noch von dem Wertesystem einer vergangenen Zeit geprägt, in der ein Mangel an Gütern herrschte und diese wirklich noch Sehnsucht mobilisieren konnten. Im wohlhabenden Teil der reichen Welt herrschte schon zum Zeitpunkt des Erscheinens von Fromms Buch ein spielerischer, manchmal den Dingen gegenüber völlig beziehungsloser Umgang. Die erfolgreiche junge Frau, die mehrmals wöchentlich ein Kleidungsstück erwirbt, das sie dann unter Umständen gar nicht trägt, mag sich zwanghaft verhalten – es wäre aber eine Unterstellung, wenn man diese Kleidungsstücke als »identitätsstiftend« bezeichnen würde.

Tatsächlich widerspricht sich Fromm bei der Diskussion der paradoxen Konstellation, »warum die heutigen Menschen zwar gerne kaufen und konsumieren, aber an dem Erworbenen so wenig hängen«. Die »überzeugendste Antwort« auf diese »rätselhafte Frage« findet er in den zerstörerischen Auswirkungen der vom Kapitalismus diktierten Konkurrenz auf das Individuum, also »im Phänomen des Marktcharakters. Aufgrund seiner allgemeinen Beziehungsunfähigkeit ist er [der Konsument] auch Dingen gegenüber gleichgültig. Was für ihn zählt, ist vielleicht das Prestige oder der Komfort, den bestimmte Dinge gewähren, aber die Dinge als solche haben keine Substanz. Sie sind total austauschbar, ebenso wie Freunde und Liebespartner, die genauso ersetzbar sind, da keine tieferen Bindungen an sie bestehen.«[40]

Fromm hat eine intensive Rezeption erfahren, seine Wirkung verdankt er vor allem der Gegenüberstellung zwischen dem schon im Titel angesprochenen »Habens-« und dem »Seinsmodus«. Die Rezeption war allerdings der von ihm vorgegebenen Mischung aus biblischen, mystischen und östlichen Weisheitslehren keineswegs adäquat. Die Distinktion wurde profaniert und damit verflacht und ist mittlerweile geradezu ein Bestandteil der Folklore unserer Kultur geworden und taucht selbst in Heiratsannoncen als Kriterium der Partnerwahl auf. Was Fromm tatsächlich unter den »Seinsmodus« subsumierte ist schwer zu bestimmen und wegen seiner spirituellen Aufladung noch schwerer im Alltag lebbar. In einem seiner zahlreichen Versuche der Bestimmung einer archetypischen Form des »Seinsmodus« ortet er diesen im Sabbat: »Am Sabbat lebt der Mensch als *hätte* er nichts, als verfolge er kein Ziel außer zu *sein*, d. h. seine essentiellen Kräfte auszuüben – beten, studieren, essen, trinken, singen, lieben.«[41] Das Beispiel sei hier angeführt, weil es die Frage aufwirft, wie sich der »Seinsmodus«, mit der nicht nur in der protestantischen Ethik so wichtigen Sphäre der Arbeit verträgt.

Es ist auch kein Zufall, dass sich Fromm in seinen Zitaten aus den christlichen heiligen Schriften auf die leistungs- und konsumfeindlichen beschränkt.

Im gelebten Alltag überlappen die Sphären von »Haben« und »Sein« einander in vielen Fällen. Wenn Fromm einem Gegenstand zubilligt, dass er identitätsstiftend wirken kann, dann wird durch dessen Erwerb möglicherweise ein neues »Sein« begründet. Im 55-jährigen Gymnasiallehrer, der sich eine HARLEY-DAVIDSON kauft und seinen Jugendtraum vom *Easy Rider* realisiert, gehen die Sphären von »Haben« und »Sein« eine Fusion ein. Möglicherweise hat unser Protagonist sein Leben vor der HARLEY als ein »falsches« erlebt, und meint mit dem »Haben« und Benützen des begehrten Gegenstandes in seinem Leben eine neue Authentizität erreicht zu haben. Ist es nicht nahezu menschenfeindlich, ihm diese Veränderung schlecht zu reden, weil sie auf einem Akt des »Habens« basiert?

Der Vorwurf, dass es ein existenzielles Defizit markiere, wenn man seine Identität über das »Haben« beziehe, ignoriert auch die Möglichkeiten zur Mimikry, die mit dem Textilkonsum verbunden sind. Der Held von Wolfgang Joops »autofiktivem« Roman *Im Wolfspelz* bekennt: »Kleidung und Mode hatten Wolf immer nur als Mittel der Täuschung interessiert. Mit der Wahl einer bestimmten Garderobe kann man so tun als ob – reich, jung, schlank, bescheiden oder avantgardistisch-unangepasst wirken, ohne es zu sein.« Ist das »Haben« oder »Sein«?

Auch was die Modalitäten beim Erwerb vieler Güter betrifft, sind die Sphären schwer trennbar. Welch ein Abenteuer ist es beispielsweise, eine neue Einbauküche zu erwerben! Was muss da nicht alles organisiert werden, wie viele soziale Kooperationen müssen erfolgreich gemeistert werden und wie viele Interessen der potenziellen Benützer müssen ausgehandelt werden! Zwar ist das Studium der Kataloge und der in einem Code verfassten Preise eine Schwerarbeit, und dennoch kann man all das als eine lustvolle Art des »Seins« erleben: »Der notwendige Umweg zur Erlangung gewisser Dinge ist oft die Gelegenheit, oft aber auch die Ursache, sie als Werte zu fühlen.«[42] So Georg Simmel, der eine angenehme Art gefunden hat, Konstellationen der Moderne, die häufig pathologisiert werden, neutral zu betrachten und ihre innere Funktionalität herauszuarbeiten. In Simmels Betrachtungsweise der merkantilen Welt geht die menschliche Substanz nicht verloren, auch wenn Gewinn gemacht wird.

Doch das ist allen hier referierten, historischen und dennoch subkutan nachwirkenden Konsumkritiken gemeinsam: Sie ignorieren systematisch jene Aspekte, die auch positiv gedeutet werden können. Der vollzogene oder nicht vollzogene Konsumakt bietet eine angenehme Form der Freiheit, man kann das Textil probieren, nachdenken – und es dann doch nicht nehmen. Der Konsument kann in einem »trial and error«-Prozess herausfinden, was ihm »passt«. Die Konsumkritik wertet das alles als Kompensation einer mangelnden grundsätzlichen politischen Entscheidungsfreiheit, doch sollte man auch den Aspekt einer Alternative zu der der Moderne immanenten Bürokratisierung sehen: Im Kaufakt kann man weiter gehen, als in anderen geregelten Rechtsverhältnissen und hat dennoch bis zum Schluss die Möglichkeit zum Rückzug. Der Kaufakt enthält auch einen Aspekt von Mündigkeit: *Ich* wähle in selbstverantwortlicher Form ein Textil für *mich* und nicht eine übergeordnete Instanz, eine einkleidende Mutter, oder gar eine militärische Versorgungseinheit.

Die Konsumkritik leugnet diese Freiheit und verweist auf den sie steuernden Konformismus und – bei Fromm – auf die Tendenz zur marktorientierten Persönlichkeit. Das gilt wohl vor allem dann, wenn man nach einem Textil sucht, das zu einer sozialen Situation perfekt passt. Doch jeder Vergesellschaftung ist ein einengendes Element immanent. Wer ein konventionelles Begräbnis eines älteren und nahestehenden Menschen in abgerissenen Jeans besucht, hat zweifelsfrei dennoch das Recht, seine Trauer, die vielleicht echter ist als die anderer Teilnehmer, zu artikulieren. Doch gleichzeitig wird er die Gefühle anderer

Trauernder verletzen und muss mit Reaktionen rechnen, die – stellt man eine Kosten-Nutzen-Rechnung an – wahrscheinlich den Gewinn an dissidenter Selbstbestimmung verringern. Ein anderer Aspekt des Konsums, den Fromm ignoriert, liegt in der Verwöhnung anderer und der Sorge für sie. Der Liebende, der ökologisch bedenklich produzierte rote Rosen schenkt, die auf widersinnige Weise durch die Welt geflogen wurden – fällt er nach den Fromm'schen Kriterien nicht in den »Habensmodus«?

Im Grunde liegt der zentrale Punkt der historischen, aber auch der aktuellen Konsumkritik darin, den Konsumenten das Gefühl zu vermitteln, dass sie etwas tun, wofür sie sich eigentlich schämen müssten. »Gewissen ist Macht.« Doch obwohl Fromm sich entschieden gegen den Kapitalismus und das Profitprinzip stellt, hat dieser Elemente der Fromm'schen Distinktion integriert, wenn auch in anderer Form, als bei ihrem Urheber konzipiert.

Nicht nur in den erlebnisorientierten Verkaufsstrategien geht es um ein kurzes, hoch bezahltes »Sein«. Erich Fromms scholastisch begründete Distinktion ist vom Kapitalismus profaniert worden und mittlerweile zu einem systemstabilisierenden Faktor geworden. Man kann manche eigenartige Rituale der Smart-Shopper, vor allem ihre Jagd nach Sonderangeboten, auch so sehen, dass sie insofern für den »Seinsmodus« votieren, als sie ihre Mittel sozusagen umschichten und möglichst wenig Geld für das »Haben« ausgeben wollen.

Wie massenhaft sich die Ideen Fromms von ihrem Urheber entfernt haben und ins Gegenteil umgeschlagen sind, sieht man dort, wo die sogenannte Lebensqualität besprochen wird. Laut einer Studie Peter Feldmanns, des Leiters des Wiener Instituts für Freizeit- und Tourismusforschung, halten 90 Prozent der Befragten den Freizeitbereich für wichtiger als Arbeit und Beruf. Dieser Trend ist vor allem bei jüngeren Menschen stark ausgeprägt und wird sich daher noch verstärken. Den Satz: »Heute ziehe ich das Leben der Arbeit vor«, kann man in den Life-Style-Magazinen in unzähligen Abwandlungen lesen. Der vor einem Jahrzehnt hoch gehaltene Begriff »Lebensstandard«, so Feldmann, sei von dem der Lebensqualität abgelöst worden. Viele Menschen seien bereit, »10 Prozent des Gehalts für 20 Prozent mehr Lebensqualität zu geben«. Der Satz »Arbeit macht das Leben süß« gelte schon lange nicht mehr, das Industriezeitalter – und damit wohl auch die ihm zugrundeliegende protestantische Ethik – sei eine »Entgleisung der Evolution« gewesen.[43]

Die zunehmende Arbeitsunlust der Bevölkerung wird in gewisser Weise von der »Geiz ist geil«-Bewegung abgefedert: Wenn die Dinge billiger werden, dann muss man den Konsum nicht um jene zehn Prozent einschränken, die man am Einkommen zu opfern bereit ist. Diese Aussage ist übrigens angesichts der populären Forderung nach geringerer Arbeitszeit bei gleichem Lohn nicht wirklich glaubwürdig.

Geld ist Kot – Konsum ist anal

Neben Karl Marx haben Herbert Marcuse und Erich Fromm einen weiteren gemeinsamen Bezugspunkt im Rekurs auf die Psychoanalyse. Es ist erstaunlich, in welchem Ausmaß im Bereich der Konsumkritik die Freudianer und die Marxisten kooperiert haben und wie sehr ihre Koalition dieser intellektuellen Strömung über Jahrzehnte eine scheinbar wissenschaftlich fundierte Evidenz gegeben hat. Der Interpretationsmacht, die sich die Psychoanalyse selbst zuschreibt, wird oft ein Element von Beliebigkeit vorgeworfen, das schon im folgenden historischen Witz thematisiert wird: Kommt der Patient zu früh, ist es eine obsessive Zwanghaftigkeit; kommt er zu spät, eine hysterische Provokation; kommt er pünktlich, ein perverses Ritual.

Wie so oft muss man die Lehre Freuds vor ihren Verallgemeinerungen in Schutz nehmen. Ihre Quelle sind Erfahrungen, die in der persönlichen Konfrontation zwischen Analytiker und Patient gemacht wurden. Tatsächlich können in der Situation der jeweiligen Analyse idente Verhaltensformen verschieden interpretiert werden oder verschiedene Verhaltensformen ähnlich gedeutet werden. Diese Deutung gilt für den von »Übertragung«

und »Gegenübertragung« gesteuerten Einzelfall und der Streit über ihre Verallgemeinerbarkeit läuft seit Jahrzehnten. Doch wer Ergebnisse aus Einzelanalysen verallgemeinert, verfügt über einen Zauberschlüssel, der es ihm ermöglicht, jede Verhaltensform am Markt zu pathologisieren – das gilt auch für die uns hier besonders interessierende Ablösung der klassischen »Konsumgesellschaft« durch die Smart-Shopper und durch die »Geiz ist geil«-Bewegung.

Das Zauberwort der frühen Psychoanalyse zur Pathologisierung von Verhaltensformen im Feld des Umganges mit Geld und des Konsums hieß »Analität«. Sigmund Freud, der bei der infantilen Entwicklung zwischen einem oralen, einem analen und einem genitalen Stadium unterschied, hatte in seinem zentralen Text *Charakter und Analerotik*[44] festgestellt, dass bei gewissen Neurotikern drei Charakterzüge in besonderer Ausprägung vorkämen: eine Ordnungsliebe, die oft in Pedanterie ausarte, eine Sparsamkeit, die leicht in Geiz übergehe, und ein Eigensinn, der sich zu heftigem Trotz steigere. Diese Charakterzüge sind weit verbreitet und können im öffentlich-wirtschaftlichen Verhalten durchaus sozial nützlich eingesetzt werden. Bei den von Freud beobachteten Patienten war die primäre Lust an der Darmentleerung und an ihren Produkten besonders ausgeprägt, und an diesem Punkt setzte eine Verallgemeinerung ein, die zunächst von Analytikern praktiziert wurde und später im Freudo-Marxismus geradezu folkloristische Züge annahm.

Als einer der »klassischen Züge des analen Charakters« gilt Freuds Berliner Schüler Karl Abraham zufolge das »besondere Verhältnis zum Geld, am häufigsten repräsentiert durch Sparsamkeit und Geiz«[45]. Diese Menschen sind anspruchslos, und ihr Charakter weist eine stark antihedonistische Komponente auf, die sie etwa oft außerstande setze, ge- oder verbrauchte Gegenstände wegzuwerfen. »Personen, welche verbrauchte Gegenstände nicht beseitigen mögen, pflegen auch ungern neue in Gebrauch zu nehmen. Sie schaffen sich Kleidungsstücke an, tragen sie aber nicht, sondern ›schonen‹ sie für die Zukunft und haben an ihnen eine rechte Freude eigentlich nur, solange sie ungebraucht im Schrank hängen.«[46]

Ernest Jones, Freuds späterer Biograf, gibt einen für die heutige Debatte und vor allem für die Werbung der Handelsketten wichtigen Hinweis auf die Gefährlichkeit der Strategie, den Geiz allzu sehr zu feiern: »Werden solche Menschen gezwungen, mehr auszugeben, als sie wollen, so reagieren sie mit (...) Unwillen und Ärger, besonders wenn sie um Geld bestohlen oder mit falschem Geld (...) betrogen werden; also auf den symbolischen Zwang zu Defäkation wider Willen.«[47]

Der anale Charakter ist also in seinem Konsumverhalten prinzipiell geizig und hat gleichzeitig eine hohe Lust am Anhäufen von Gegenständen. Es ist angesichts der von seinen Schülern nicht kommentierten Sammelleidenschaft Sigmund Freuds eigenartig, dass die frühe Psychoanalyse das Sammeln – eine intensive, ja gelegentlich leidenschaftliche Form der Beziehung zu den Dingen – durchgängig anal konnotiert hat: »Alle Sammler sind Analerotiker und die gesammelten Gegenstände fast durchwegs typische Kotsymbole ...«[48] Die Frage, ob das auch für Freuds archäologische Altertümer steht, wird insofern beantwortet, als Jones beiläufig eine zweite Motivationsgruppe nennt, eine »sexuelle Komponente (...) Schaulust, den inzestuösen Drang nach Erforschung des Leibes der Mutter Erde«[49]. Das ist wohl der erste Punkt, an dem schon die frühe Analyse begonnen hat, sich der Vieldeutigkeit der Güter zu stellen.

Die Überzüchtung der Sparsamkeit gelingt dem analen Charakter allerdings nur selten konsequent und kann auch ins Gegenteil umschlagen: Manche Neurotiker beschränkten ihre Sparsamkeit oder ihren Geiz auf gewisse Ausgaben, würden aber in anderen Bereichen »mit auffälliger Bereitwilligkeit Geld verausgaben«, das sei dann eine »Massenentleerung«[50] – damit wird wohl das heute angeblich vorherrschende hybride Konsumverhalten zwischen Aldisierung und Luxuskonsum angesprochen. Sparsamkeit, Freigebigkeit und Verschwendungssucht widersprechen einander also nur scheinbar, tatsächlich handle es sich dabei um gleichberechtigte, analen Komplexen entstammende Charaktertypen, »nur dadurch unterschieden, dass der erste eine Sublimierung (positiv), der zweite eine Reaktionsbildung (negativ) darstellt«[51]. Bei Jones wird das Anale zu einem universellen Faktor unseres Leben, selbst Kochen, die Architektur oder das Zeugen von Kindern werden zu Konsequenzen dieser Konstellation. Der Budapester Analytiker Sandor Ferenci hat diese These wohl als erster auf das soziale Leben verallgemeinert und festgestellt, dass »der kapitalistische Trieb (...) eine egoistische und eine analerotische Komponente« enthalte.[52] Vor allem Wilhelm Reich, neben dem anders argumentierenden Otto Fenichel die zentrale Figur des Freudo-Marxismus, ist ihm hier gefolgt – beginnend mit seiner »Charakteranalyse«[53] hat er den Kapitalismus als ein prinzipiell »anales« System vorgeführt.

Wenn man diese These unaufgeregt durchdenkt und dabei die psychoanalytische Denkweise akzeptiert, dann ist sie so richtig, dass sie schon wieder nichtssagend geworden ist. Es ist nicht schwer, in der von Max Weber analysierten protestantischen Ethik eine »anale« Komponente zu orten: Wenn berechnende Sparsamkeit und Zurückhalten im Konsum mit der Hoffnung auf eine gewinnträchtige Investition praktiziert wird, dann ist die Analogie zum Säugling plausibel, der den Stuhlgang lustvoll zurückhält; doch gleichzeitig ist das Zurückstellen einer aktuellen Befriedigungsmöglichkeit in der lustvollen Erwartung auf eine Maximierung von Gewinn ein normales Verhalten des »homo oeconomicus«, und möglicherweise wäre die gegenteilige Verhaltensform selbstschädigend und daher genauso pathogen. Auch hat die generell »zwanghafte« Komponente des Kapitalismus beispielsweise für Max Weber eine funktionale Seite: die wachsende Komplexität, die Vermassung der Gesellschaft und die Urbanisierung haben der Bürokratisierung einen zwingenden Charakter gegeben, und der Einzelne ist im Regelfall gut beraten, sich an die Unzahl der ihn umgebenden Vorschriften zu halten. Wer das Anale sucht, kann es wohl an vielen Orten finden.

Ein zentrales Argument bei der Behauptung vom »analen«

Charakter des Kapitalismus ist die von Freud mehrfach konstatierte Analogie zwischen Geld und Kot, das Basistheorem der psychoanalytischen Geldtheorie.[54] Der 68er-Theoretiker und Sänger Rolf Schwendter hat in einem seiner *Lieder zur Kindertrommel* die Konsequenzen dieser These in einer populären Weise auf den Begriff gebracht: »Zehn mal täglich greif ich Scheiße an / erstmals morgens in der Straßenbahn ...« So hat die Psychoanalyse in ihrer Frühzeit der Konsumkritik das Material geliefert, die gesamte merkantile Sphäre als eine von infantilen Trieben beherrschte und im wahrsten Sinne des Wortes anrüchige zu verunglimpfen, getreu dem Satz Freuds, wir würden »offenbar durch alles geniert, was allzu deutlich an die tierische Natur des Menschen mahnt«[55].

Eine wesentliche Wandlung dieser Auffassung ist mit den Ideen des Freudo-Marxisten Otto Fenichel verbunden. Auch er arbeitet mit dem Begriff vom »analen Charakter« und attestiert diesem eine prinzipiell irrationale Einstellung zum Geld und zur Warenwelt, ohne allerdings die Vielseitigkeit der Konsumwelt und ihre multiplen und durchaus rationalen Einstellungen zu ignorieren: »Im unbewussten Seelenleben kann das Geld nicht nur Besitztümer, sondern alles, was man überhaupt nehmen und geben kann, repräsentieren; dadurch kann es ganz allgemein für Objektbeziehungen und für alles stehen, wodurch das körpergebundene Ichgefühl und mit ihm (...) die Selbstachtung gesteigert oder gemindert werden kann.«[56] Seit diesen Überlegungen, die denen Hegels und Veblens nicht allzu fern sind, und seit der Abkehr von der rein triebzentrierten Denkweise hat sich die psychoanalytische Einstellung zum Konsum grundlegend gewandelt.

Ein Beleg für diese Behauptung sind die von Werner Muensterberger verfassten Studien über das Sammeln und die Sammler. Der New Yorker Psychoanalytiker beschreibt extreme Konsumenten-Menschen, die, von ihrer Gier nach Gegenständen getrieben, soweit gehen, dass sie sich selbst oder ihre Familienangehörigen in den Ruin treiben. In seinen von Walter Benjamin ausgehenden Überlegungen, der Besitz sei für den Sammler »das allertiefste Verhältnis, das man zu Dingen überhaupt haben kann«[57], kommt das klassische Konzept der Analität nicht einmal am Rande vor. Das primäre Motiv des Konsums der Sammler liege in einer »Verletzungs- oder Unsicherheitserfahrung und daraufhin immer wiederkehrenden Stimmungen der Verstimmtheit und Depression«, die das Objekt als Antidot verlangen, auf dass der Sammler sein Gleichgewicht und seine zeitweilige innere Ruhe wiederfinde.[58]

Muensterberger platziert diese negative Urerfahrung in der Kindheit: Infantile Wege der Selbstrettung bestehen häufig darin, dass Kinder mit Hilfe magischer Objekte antiphobische Maßnahmen setzen. Die Gier nach gewissen Objekten basiert also auf einer existenziellen Lücke und dient dazu, eine »unerträgliche Unruhe« loszuwerden: »Ich sehe darin eher ein seinem Wesen nach defensives Handeln, das ursprünglich das Ziel verfolgt, Enttäuschung und Hilflosigkeit in ein anregendes und zielbewusstes Unternehmen zu verwandeln. Bleibt das Sammeln innerhalb dieser Grenzen, dann ist es keineswegs eine ungesunde Ich-Abwehr. Es ist ein Mittel, Frustrationen auszuhalten, und eine Möglichkeit, aus einem Gefühl passiver Irritation, wenn nicht gar Wut, eine Herausforderung zu machen und etwas zustande zu bringen.«[59] Jedes neue Objekt verschaffe dem Sammler ein Gefühl von Erfolg, Triumph und gelegentlich sogar Großartigkeit oder phantasierter Omnipotenz.

Den meisten Sammlern gelingt es, sich ein soziales Milieu zu schaffen, in dem ihre Sammlertätigkeit gewürdigt wird, ja viele von ihnen sind heute bereits Figuren der Kunstgeschichte. So verwandeln die Sammler ihre »elementare Empfindsamkeit, (ihre) Desillusionierung und Frustration in Akte des Triumphs und der Prahlerei (…). Die Objekte, an denen ihr Herz hängt, sind unbelebter Ersatz für Fürsorge und Schutz. Was vielleicht noch aufschlussreicher ist: Sowohl dem Sammler wie der Welt beweisen diese Objekte, dass er etwas Besonderes und ihrer wert ist.«[60]

Das ist – im Vergleich mit dem ekligen Konzept der »analen«

Komponente des Konsums – sicher eine Abschwächung der psychoanalytisch begründeten Diffamierung des Konsums, die zudem die gefährdete Würde des Sammlers wieder herstellt. Der Mainstream der zeitgenössischen Psychoanalyse beharrt allerdings weiterhin darauf, dass ein Konsum, der über ein nicht näher definiertes Maß hinausgehe, eine neurotische Komponente beinhalte. Der Neurotiker unterliege dem Trugschluss, Gefühls-mangel werde durch Objektmangel verursacht, ihm fehle eine präzise Hierarchie im Gefühlsaufbau, so dass ihm die Trennungslinie zwischen dem geliebten Menschen und der Dingwelt unscharf werde. Die Dingwelt, die sich leicht quantifizieren lasse, nehme in seinem Gefühlsleben die erste Stelle ein und der Umgang mit ihr werde zum Maßstab: »Jetzt wird alles substantiiert. Die Welt enthält nur messbares Glück.«[61] Der habsüchtige Neurotiker wisse, dass Reichtum an Geld und Gütern mit Glück nicht identisch sei, meint aber, Reichtum beruhige, ohne die Gründe für seine innere Unruhe angeben zu können. »Es ist die Angstbindung, die allen Hab-Objekten gilt.« Und: »Die Furcht vor kommenden Notzeiten zwingt den Neurotiker zu maßlosem Ansammeln von Gütern und Vorsorge.«[62] Aber selbst der zitierte Autor, Claus Ruda, muss zugeben, dass das Substanzproblem des Neurotikers sich »zum Teil mit dem Motiv der Vorsorge des reifen Menschen« deckt.[63] Und weiter: »Die Lösung des Substanzproblems kann sowohl durch Mehrerwerb als auch durch Mehrbehalt versucht werden. Meist sind Habsucht und Geiz gleichzeitig vorhanden, das heißt es wird zuviel erworben und zu viel behalten.«[64] Das kann man wohl auch als Vorwegnahme einer psychoanalytischen Betrachtung der Smart-Shopper lesen.

Bilanz der Konsumkritik

Ein berühmter Ausspruch von Ivan Illich, der im Feld der Konsumkritik zu platzieren ist, lautet: »Wir müssen lernen, mit weniger Dingen mehr anzufangen.« Hier geht es nur scheinbar um Askese, tatsächlich aber auch um die Restitution der Aura der Dinge. Illich argumentiert nicht gegen die fundamentale Beziehung der Konsumenten zu den Gütern, die eine der Grundlagen des Konsumismus ist, sondern er versucht, dieser Beziehung eine neue (= traditionelle) Intensität zu geben – die noch zu beschreibenden Anhänger der »Neuen Bescheidenheit« haben diese Botschaft wohl vernommen.

Die mit der prinzipiellen Konsumkritik verbundene Neuauflage der »Diogenes-Mentalität« ist zwar ein weithin sichtbares Phänomen gewesen – die jungen Leute, die in zerrissenen Jeans in die Opernhäuser eindrangen, provozierten die ältere Generation und prägen bis heute das Straßenbild. Doch eine generelle Tendenz zur Askese als Folge der Konsumkritik hat sich nicht eingestellt. Im Gegenteil, im Bereich etwa des »New Age« und des alternativen Lebensstils hat eine ursprüngliche antikonsumistische Haltung neue Konsumkulturen erschaffen, und wir können den boomenden Dienstleistungssektor, das »Entertainment«- und das »Selbstverwirklichungsmilieu« ebenso wie die Smart-Shopper und die »Erlebnisökonomie« als eigenartige Derivate der Konsumkritik verstehen. Zudem haben wir uns mittlerweile daran gewöhnt, mit der Werbung umzugehen, ja selbst die Werbenden kennen deren Grenzen, so dass der Verdacht, wir würden »manipuliert«, einiges an Konsensfähigkeit verloren hat. Auch hat nach den Konsumwellen der »Yuppies« und der »IT-Blase« ein starker Ernüchterungseffekt gegenüber den Verheißungen des Konsums eingesetzt.

Dennoch sei noch einmal festgehalten, dass die Folgen der Konsumkritik subkutan ins öffentliche Bewusstsein gedrungen sind. Die Kehrseite der Mentalität des zeitgenössischen Konsumismus ist ein kleines schlechtes Gewissen und Naomi Kleins legendäres Buch *No Logo!* verdankt einen nicht geringen Teil seines Erfolges dem trotzig abgewehrten Gefühl, auf Kosten anderer – etwa der dritten Welt – zu konsumieren.

Ein Punkt, der von der Konsumkritik akzentuiert wurde, war der Bevölkerung immer selbstverständlich, und seine Hervorhebung war zwar überflüssig, aber dennoch erfolgreich: Es gibt ein Leben »hinter dem Konsum«, und die Orientierung auf die Warenwelt hat auch ihre frustrierenden Seiten. Selbst die Kulturindustrie, jener von Adorno und Horkheimer in der *Dialektik der Vernunft* angeprangerte Lieferant einer »falschen Versöhnung«, hat das in dem Song *Satisfaction* thematisiert – getextet von Mick Jagger lange vor 1968 und in zeitlicher Nähe zu Marcuses *Eindimensionalen Menschen.* Der schlichte Text beschreibt die gescheiterte Verführung des Ich-Erzählers durch einen Werbespot, dessen widersprüchliche Argumentationsweise (das weiße Hemd, ein Kennzeichen eines abgelehnten Konformismus, und die nicht dazu passende Zigarette) und vor allem seine Beziehungslosigkeit zu jenen Bedürfnissen, die der Erzähler für seine »wahren« hält. Diese Bedürfnisse liegen im Feld der Sexualität, sie gehören allerdings nicht zum »entsublimierten Eros« aus Marcuses *Triebstruktur und Gesellschaft*, sondern ihnen eignet eine stark konsumistische Komponente. Unter dem Vorwand einer prinzipiellen Konsumkritik werden hier zwei andere schlagworthafte Konsumgüter gefeiert: Sex und Rock 'n' Roll.

Dass die Haltung der westlichen Gesellschaft zum Konsum sich geändert hat, belegt das Buch des englischen Historikers Theodore Zeldin *Intime Geschichte der Menschheit. Über die Kunst des Lebens*. Zeldin hat zahlreiche zeitgenössische Glücksentwürfe untersucht und sie in einen universalhistorischen Kontext gestellt. In den Biografien, die er nacherzählt, scheitern die Protagonisten oder sind erfolgreich, sie haben unzählige Gründe zur Unzufriedenheit und entwickeln ständig neue und sehr unterschiedliche Strategien, ihr Leben positiv zu verändern. Güter und Konsum spielen in ihren Zielen und Strategien keine Rolle, der Zusammenhang von »Glück« und »Konsum« ist kaum wahrnehmbar und der Lebensqualität, häufig verstanden als Selbstverwirklichung, untergeordnet.

Die Bilanz der Konsumkritik mitsamt ihren Übersteigerungen ist also äußerst widersprüchlich. In jedem Fall hat sie uns darauf hingewiesen, dass die Aufmerksamkeit, die wir den Gütern zuwenden, überzogen ist. Die Begründungen für diese These sind allerdings inkohärent und liefern uns im Grunde nur eine Erkenntnis: Die Welt der Güter hat ein hohes Enttäuschungspotenzial, und die Hoffnungen, die wir in sie setzen, werden leicht frustriert – sie gehört im weitesten Sinne zu den »Enttäuschungen der Moderne«[65]. Unglückliche Menschen hat es immer gegeben, das würde aber niemanden dazu veranlassen, eine spezielle »Enttäuschung des Barocks« zu konstatieren. Die Moderne hat sich – auch – unter das Benthamsche Motto des »größtmöglichen Glücks der größtmöglichen Zahl« gestellt. Sie hat scheinbare Hindernisse dieses Glücks gezielt ausgeräumt und durch neue Institutionen ersetzt: Die feudale Bindung an die Abstammung durch soziale Durchlässigkeit, die Bindung an eine drückende Ehe durch die sexuelle Freiheit, die Bindung an einen, in vielen Fällen den Geburts-Ort, durch die Freiheit der existenziellen Mobilität, die Bindung an den elterlichen Lebensstil durch die Freiheit der Wahl der Lebensform, die Bindung an eine bestimmte Religion durch die Religionsfreiheit und schließlich die Freiheit, sich politisch zu entscheiden, also kurz sein eigenes Leben selbst zu bestimmen. Die meisten dieser Versprechungen hatten eine dunkle Seite, mit der wir täglich konfrontiert sind – die neue Freiheit geschlechtlicher Bindungen hat uns etwa das Problem der »Scheidungswaisen« beschert. Ähnlich verhält es sich mit den Versprechungen der Güter und des Besitzes. »Geiz ist geil« dient den folgenden Überlegungen als Anlassfall für den Versuch zu zeigen, wie unsere Kultur mit den durch die Güter verursachten Enttäuschungen umgegangen ist – die Enttäuschung, die Reaktion auf eine positive Erwartung, die entweder nicht eingetroffen ist oder deren Erfüllung nicht den gewünschten Erfolg zeitigte, ist ja jene Form, in der sich das moderne Unglück ohne jede Reflexion am ehesten erlebbar macht. Die Konsumkritik und die Appelle zum Konsumismus weisen hier eine überraschende Gemeinsamkeit auf: beide meinen, man könnte die Moderne der prinzipiellen Enttäuschung zum Trotz lebenswerter gestalten.

3. Markenblindheit

Pier Paolo Pasolini preist in seiner Kritik des Konsumismus die »Verweigerung« der Langhaarigen als potentiellen »Antikörper« zur bestehenden Gesellschaft. Doch der große Außenseiter hatte die Regeln der Subkultur des Protestes nicht wirklich verstanden und ein wesentliches Detail ihrer Riten übersehen. Gewiss, man ging mit abgenutzten, zerrissenen oder gar willkürlich verstümmelten Jeans, doch auch hier gab es einen jener berühmten »feinen Unterschiede«: Selbst im Lager des textilen Protests existierten Hierarchien und eine mit Absicht zerschnittene LEVI'S zählte mehr als eine WRANGLER oder gar eine Fantasiemarke. Die Mitglieder der von Marcuse beschriebenen »Konsumgesellschaft« reagierten höchst differenziert auf den dort herrschenden »Terror«, und ein wesentliches Unterscheidungsmerkmal ist die Art, wie sie mit den Marken und all dem, wofür diese standen, umgingen.

Eine »Marke« war ursprünglich ein Wort, das ein Produkt kenntlich und unterscheidbar machte. Sie konnte auf den Erzeuger verweisen (FORD), auf den Ort der Entstehung (ECHT KÖLNISCH WASSER 4711) oder auf ihre Geschichte (KLOSTERFRAU MELISSENGEIST). Von Anfang an haben sich Marken aus der anonymen Massenproduktion herausgehoben, die Verweise imaginierten etwas, was es unter den Bedingungen industrieller Produktion kaum gibt: eine Art persönlicher Haftung für die Güte des Produkts. Später begannen sich Fantasienamen breit zu machen, ein Unterwäscheerzeuger nannte sich TRIUMPH und keiner nahm daran Anstoß, dass der Zusammenhang zwischen dem Namen und dem Produkt nicht wirklich nachvollziehbar war. Erst der Siegeszug der Werbung und ihre Okkupation des öffentlichen Raums und der kollektiven Aufmerksamkeit haben Marken zu dem gemacht, was sie heute sind: multiple Bedeutungsträger, die dem Konsumenten gleichzeitig schmeicheln und ihm eine Vielzahl von Versprechungen machen. Die Pflege einer Marke wurde zwar immer teurer, doch gleichzeitig erwies sich, dass Marken dem Produzenten eine höhere Wertschöpfung garantieren als namenlose Produkte.

Dem Muster »OMO gegen PERSIL« folgend war die Welt der Marken in den Jahren des Wiederaufbaus einfach strukturiert. Die prinzipielle Offenheit des Marktes ließ jedoch die Zahl der Marken explodieren: Heute werden in Deutschland jährlich etwa 50.000 Marken beworben, und im Lebensmittelhandel werden circa 24.000 neue Artikel eingeführt.[66] Rund um die Marken herrscht derzeit eine Kampfzone mit verwirrenden Fronten: Sie kämpfen gegeneinander um Marktanteile, und sie kämpfen gemeinsam gegen die No-Names. Vor allem dieser Kampf wird immer härter, und Matthias Horx geht in seiner Studie *Accent on the Future* davon aus, dass jene »Mitte«, für die zahlreiche Marken stünden, 2010, im magischen Jahr des Gerhard Schröder und seiner »Agenda«, nur mehr 10 bis 20 Prozent des Umsatzes ausmachen würde, während das Hoch- und Tiefpreissegment jeweils 40 bis 50 Prozent besetzen würde.[67] In einer Gesellschaft des Überflusses, in der nicht die Angebote knapp sind, sondern die Wünsche und – allmählich – die zu ihrer Befriedigung bereitstehenden finanziellen Mittel, unterliegen Marken a priori einem gewissen Legitimationsdruck. Dabei scheinen sie an Terrain zu verlieren: Nur mehr 54 Prozent der Deutschen attestieren ihnen eine prinzipielle Überlegenheit gegenüber den No-Names – vor zehn Jahren waren es noch 60 Prozent.[68]

Der Marlboro-Friday

Für manche Repräsentanten der deutschen Marken haben die amerikanischen Erfahrungen der 90er Jahre bis heute Vorbildcharakter. Der 2. April 1993 gilt unter Kennern als ein kultur- und wirtschaftsgeschichtlich relevantes Datum. Marketingspezialisten nennen den Tag den »Marlboro-Friday«: An diesem

Tag stieg der Marlboro-Mann von seinem hohen Ross und PHILIPP MORRIS entschloss sich, seine durch Jahrzehnte mit einer legendären Werbung gehegte und gepflegte Zigarettenmarke MARLBORO um 20 Prozent zu verbilligen, um so dem Druck der Billigmarken nachzugeben. Das war in der damaligen wirtschaftlichen Situation der USA ein symbolisch hochaufgeladenes Ereignis: Die erste große Marke war im Wettkampf gegen die Billigkonkurrenz umgefallen. Ein angsterregendes Wort begann unter den Produzenten die Runde zu machen: Die Konsumenten seien »markenblind« geworden, und Pessimisten befürchteten einen Domino-Effekt und prophezeiten das Ende der amerikanischen Marken.

Markenblindheit ist eine bemerkenswerte Wortschöpfung, die das Ignorieren der von der Werbung geschaffenen hierarchischen Distinktion zwischen den Gütern mit einem schweren körperlichen Defekt verbindet. Die öffentliche Akzeptanz dieses Wortes erstaunt, es suggeriert zwar Objektivität, doch stammt es aus dem Wortschatz der Werbeagenturen und der Markenschutzverbände, deren Funktionäre leicht in Panik geraten, wenn es um das Wohl ihrer Schützlinge geht. Vom Standpunkt des Konsumenten aus gesehen, heißt Markenblindheit nichts anderes, als ein Produkt »objektiv« nur als solches zu bewerten und die aufwendigen Zuschreibungsprozesse zu ignorieren, welche die Werbung zu dessen Gunsten vorgenommen hat.

Zur Überraschung der Fachleute erwies sich die Panik der amerikanischen Markenhersteller als ungerechtfertigt. Nicht die Unternehmen, welche Konzessionen an die Billigkäufer gemacht hatten, gewannen in der Konkurrenz um Marktanteile, sondern es erholten sich in der laufenden Rezession jene am schnellsten, die oft unter völliger Vernachlässigung der Produktion das Marketing über die Preispolitik gestellt hatten: APPLE, BODY SHOP, CALVIN KLEIN, DISNEY, LEVI'S, NIKE und STARBUCKS.[69] Die meisten der zitierten Marken haben sich von der traditionellen Art der Herstellung, dem Produktionsstandort und von einem benennbaren Eigentümer schon lange emanzipiert. Niemand weiß, wo sein NIKE-Schuh produziert wird, niemand weiß, welche Beziehung NAOMI CAMPBELL oder PALOMA PICASSO zu dem von einem anonymen Konzern produzierten und nach ihnen benannten Duftwasser haben – außer dass den beiden wohl regelmäßig Lizenzgebühren überwiesen werden. Doch das Beispiel dieser an Design und Marketing orientierten Unternehmen machte Schule: Die folgenden Jahre, vor allem die späten 90er, gelten als das große Zeitalter dieser sich allmählich globalisierenden Marken.

Jene Zeiten, in denen man mit aus heutiger Sicht simplen Tricks einer Ware den Status einer Marke verleihen konnte, waren damit endgültig zu Ende. David Ogilvy beschreibt in seinen Memoiren zahlreiche dieser klassischen Kampagnen. HATHAWAY etwa war in modischer Hinsicht ein dem Mainstream verpflichtetes Hemd, dem zu Recht nachgesagt wurde, dass es Jahrzehnte halte, und das preislich im erschwinglichen Bereich lag – kurz, ein durchaus positiv zu bewertendes Produkt, das aber am Markt gegen eine Unzahl von Mitbewerbern mit ähnlichen Eigenschaften antrat und kein außergewöhnliches Argument für sich verbuchen konnte. Ogilvy ließ in einer jahrelang laufenden und äußerst erfolgreichen Kampagne das Hemd vom »Mann mit der Augenklappe« tragen, einer Art Geistesbruder des MARLBORO-Cowboys, und der gab – so abseitig uns dieses Accessoire von Virilität auch vorkommen mag – der Marke das, was man damals ein unverwechselbares Image nannte. Seit jenen klassischen Kampagnen sind »Marke« und »Image« zu siamesischen Zwillingen geworden, und die Produzenten von Markenartikeln sind verrückt danach, dass ihre Erzeugnisse als Träger eines Images bezeichnet werden. Das ist möglicherweise das Resultat einer Bildungslücke, denn Image ist ein recht verräterisches Wort: Es leitet sich vom lateinischen »Imago« ab und das bedeutet »Schein, Anschein« – nicht mehr. Ein Image ist nichts Reales, und es ist auch nicht einklagbar, was bei der diffusen Konstruktion des »Mannes mit der Augenklappe« wohl auch wenig Sinn gegeben hätte. Das ist wohl die wichtigste Spielbedingung, auf die wir noch zurückkommen werden: Sosehr ihre Schöpfer es auch bestreiten mögen – die Welt der Marken ist ihrem Willen gemäß seit Jahrzehnten eine Welt des Scheins.

Das neue Marketing nach der MARLBORO-Krise wurde um einiges umfassender als die klassischen Kampagnen nach Art des Hauses Ogilvy. Die Marken verbündeten sich mit den gesellschaftlich als progressiv gewerteten Ideologien – etwa dem Feminismus und dem neuen Körper- und Gesundheitsbewusstsein – und beschäftigten ein Heer von Scouts auf der Jagd nach den letzten ästhetischen Trends in den urbanen Subkulturen. Noch heute gilt für viele Textildesigner der die Thesen des einflussreichen französischen Soziologen Piere Bourdieu über die klassenbedingten »feinen Unterschiede« relativierende Satz, dass »die Hip-Hop-Community in den Stadtghettos in aller Welt schon immer mehr Stil (hatte) als der durchschnittliche Bon-Jovi-Fan«[70] Die »neuen Marken« internationalisierten sich und sprengten die »Grenzen der Marketingwelt (...) indem sie zu kulturellen Accessoires und Bestandteilen einer Lifestyle-Philosophie wurden. Die genannten Unternehmen trugen ihr Image nicht wie ein billiges Hemd, sondern integrierten es so sehr in das Geschäft, dass andere Leute ihr Image als *ihr* Hemd trugen.«[71] Das Prinzip der generalstabsmäßig geplanten, zeitlich begrenzten Kampagne – einer der vielen kriegerischen Ausdrücke der Handelswelt – verlor an Bedeutung, die »neuen Marken« besetzten von nun an den öffentlichen Raum in Permanenz. Einfache Zeichen wie der *Swoosh* von NIKE symbolisierten von nun an eine Lebenshaltung. Von Extremfällen abgesehen fehlt dem Konsumenten die Produktkompetenz, um einen NIKE -Schuh von einem Konkurrenzprodukt zu unterscheiden. Doch wer NIKE kauft, erwirbt jenes Prestige, das Thorstein Veblen für das zentrale Konsummotiv gehalten hat. Man konnte auf seine NIKES stolz sein und der SWOOSH weist seinen Träger als Mitglied einer Gruppe aus, die gesellschaftlich einen hohen Status genießt.

Kulturkritiker reiben sich gerne an den Prozeduren, mit denen sich die globalisierten Marken ins öffentliche Bewusstsein brachten. Vom Standpunkt der Konsumenten interessiert eher ein anderer Umstand: Diese Prozeduren sind mit einem enormen finanziellen Aufwand verbunden, der das Produkt verteuert. Es ist der Konsument, der die vierseitigen bunten Inserate in der Mitte von Nachrichtenmagazinen zahlt oder das Product-Placement bei Sportereignissen sowie die legendären NIKE-Stores, die etwa soviel Umsatz bringen wie eine Pizzeria, die der Mafia als Geldwaschanlage dient. In gewisser Weise haben die Marketing-Kosten in der Kalkulation den Status einer durch die Firma getätigten Investition verloren: Die Kosten dafür, dass der Konsument sich für ein Produkt interessiert, haben sich allmählich in einen Kredit verwandelt, den ihm der Hersteller gewährt und dessen Rückzahlung beim Kauf fällig wird. Das lässt verschiedene Deutungen zu. Man kann eine Form von Gerechtigkeit darin sehen, dass jemand, der Prestige kaufen will, dafür zahlen muss. Oder man kann zu zahlreichen der globalisierten Marken, die sich was Qualität und Funktion betrifft, kaum von der weniger beworbenen Konkurrenz unterscheiden, anmerken, dass sie allmählich gefährlich in die Nähe jener Konstellation geraten, die Herbert Marcuse unter dem Begriff der »falschen Bedürfnisse« zusammenfasste.

Das Sweatshop-Year

Nochmals: Imago, das Ursprungswort von Image, heißt eben auch Schein und Anschein. Und dieser Schein wurde in der zweiten großen Krise der globalisierten Marken, dem so genannten Sweatshop-Year 1995/96 arg beschädigt: Es stellte sich heraus, dass die Produktionsmethoden zahlreicher Marken im Konflikt mit dem Markenimage standen. NIKE, der lustvoll angegriffene Paradeschurke in Naomi Kleins zeitgemäßer Adaption der Konsumkritik, *No logo!*, wurde beispielsweise ausbeuterischer Praktiken an seinen ausgelagerten Produktionsstandorten in der dritten Welt bezichtigt, von Kinderarbeit war die Rede und – besonders peinlich für ein Unternehmen, dessen Zielgruppe auch aus modernen, selbstbestimmten Frauen besteht – von einer speziell schikanösen Haltung gegenüber den rechtlosen Arbeiterinnen in den »Sweatshops«. Damit war die Idee, auf der nicht nur diese Marke basierte, dass der Käufer sich besser fühlen konnte, als seine Mitmenschen, heillos beschädigt. Ein Gut, bei dessen Produktion Menschen geschunden werden, trägt wenig zur Steigerung des Renommees des Trägers bei. Ein anderer Punkt, der die Konsumenten aufzubringen begann, war das allmählich öffentlich bekannt werdende Missverhältnis zwischen den hohen Preisen der globalisierten Markenprodukte und ihren niedrigen Herstellungskosten: Massenweise begannen Konsumenten zu begreifen, dass der Preis nur wenig mit dem Produkt und viel mit dessen Image zu tun hatte. Peinliche Vorfälle häuften sich: Fantasievolle Bürgerinitiativen regten etwa ihre Mitglieder dazu an, die Differenz zwischen einem aus den niedrigen Produktionskosten hochgerechneten »fairen Preis« und dem »realen« zurückzufordern. Spätestens seit damals steht folgende Frage im Raum: Wie viel ist dem durchschnittlichen Konsumenten Prestige wert? In den derzeit laufenden Handelskriegen, vor allem in der Konfrontation zwischen den Marken und den Eigenmarken der Discounter ist diese Frage von hoher Bedeutung.

Obwohl die globalisierten Marken Ende der 90er Jahre ihre größten Erfolge verbuchten, haben viele von ihnen heute ein äußerst ambivalentes Image. Der offenkundige Zusammenhang zwischen der Angewohnheit vieler Marken, ihre Produktion in Niedriglohnländer zu verlegen, und den negativen Auswirkungen der Globalisierung für die einstweilen noch reichen Länder, ist mittlerweile ins öffentliche Bewusstsein gerückt. Was etwa die Textil-, Bekleidungs-, Leder- und Schuhindustrie betrifft, haben Deutschland und vor allem Österreich dramatische Verluste an Arbeitsplätzen erlitten; gleichzeitig nützen zahlreiche Markenunternehmen auch in jenen Ländern, von denen aus sie ihr Marketing und ihr Design organisieren, steuerliche Schlupflöcher. Selbst Teenager-Magazine berichten mittlerweile darüber, dass die globalisierten Marken über anonyme Subunternehmer in rechtsfreien Zonen der dritten Welt Arbeitsplatzbedingungen geschaffen haben, die an die Schrecknisse der frühen Industrialisierung hierzulande erinnern.

Marken, die hauptsächlich Prestige offerieren, sind äußerst anfällig. Gerade dadurch, dass sie sich in glamouröser Weise ins Zentrum der öffentlichen Aufmerksamkeit gestellt haben, stehen die globalisierten Marken am Pranger, und so geschickt ihr Management auch gegensteuert, gelten sie mittlerweile als einer der Hauptverursacher der negativen Effekte der Globalisierung. Das Buch von Naomi Klein legt Zeugnis davon ab, dass die intensive Öffentlichkeitsarbeit der Marken auch einen schweren Nachteil mit sich bringt: Ihre Geschäftspraktiken – der Einsatz von Kinderarbeit, die Anpassung von Preisen an den Wohlstand des jeweiligen Verkaufslandes – sind um vieles leichter zu kontrollieren als die der No-Names, die wahrscheinlich nicht anders agieren. Seit dem Sweatshop-Year artikulieren sich »Liebe« und »Hass« der Konsumenten gegenüber den globalisierten Marken gleichzeitig. Vor allem der Parademarke NIKE wird nachgesagt, dass es ihr gelungen sei, die Jugend der Welt zu spalten. Die jugendlichen Konsumenten, so Naomi Klein, seien »Herdentiere«. Doch ganz offensichtlich gibt es mittlerweile zwei konkurrierende Konformismen, die sich selbst als nonkonformistisch verstehen. Dass NIKE im urbanen Bereich immer noch Prestige garantiert, belegen die zahlreichen Fälle von Jugendkriminalität, deren Opfern Textilien dieser Marke mit Gewalt weggenommen werden; doch wer auf einem der vielbesuchten Foren der Globalisierungsgegner NIKE trägt, fällt ähnlich aus dem Rahmen wie der erwähnte Blue-Jeans-Träger beim traditionellen Begräbnis.

Braucht der Konsument die Marken?

Doch welche Bedeutung haben die Krise der amerikanischen Markenindustrie der frühen 90er Jahre und die von Industrie und Handel benützten Strategien zu deren Lösung für das gegenwärtige Konsumverhalten und für die Auseinandersetzung mit »Geiz ist geil«? Auch der deutschsprachige Raum wird von einem Netz von globalisierten Marken umspannt, und auch die »Markenblindheit« der Konsumenten ihnen gegenüber hat sich mittlerweile globalisiert. Doch es ist hilfreich, die Distinktion zwischen »außeralltäglichen« Marken wie NIKE oder REEBOCK und »alltäglichen« einzuführen. Diese sind es, die im privaten Konsum die beherrschende Rolle einnehmen und die im Zentrum jenes Handelskrieges stehen, der die Bewegung der Smart-Shopper und die »Geiz ist geil«-Fraktion hervorgebracht hat: BAHLSEN, CHLORODONT, IGLO, KNORR, LUX, MAGGI, MAUTHNER-MARKHOF, NIVEA, OMO, RAMA, SEIDENSTICKER, ZEWA – das sind nur einige der Marken, mit denen der hiesige Konsument öfter und mehr konfrontiert ist als etwa mit NIKE. Auch unter den Marken gibt es eine Hierarchie, und der Vorsitzende des deutschen Markenverbandes J. G. Lindenberg berichtet, dass die »Viert- oder Fünft-Marken« am meisten an Marktanteilen verloren hätten.[72]

Die Marken brauchen den Konsumenten, doch braucht der Konsument Markenware? Gehen wir zurück zum Ausgangspunkt, dem klassischen Zeitalter des Konsums in den Wiederaufbaujahren, wo alte Marken wie etwa PERSIL an das tradierte Vertrauen der Konsumenten anknüpfen konnten und neue sich etablierten. Diesen Marken eignete in den meisten Fällen eine gewisse »bürgerliche« Solidität: Sie versprachen eine höhere Qualität als die Konkurrenten und grenzten sich gleichzeitig von dem »unvernünftigen« Luxuskonsum in Preis und Ausstattung ab.

Zwischen den Marken und den Konsumenten existierte eine Vielzahl von Beziehungen materieller und emotioneller Art, die nie von einem leicht irrationalen oder zumindest spekulativen Element frei war – seit der Entstehung der ersten Selbstbedienungsläden gab es das schon erwähnte hartnäckige Gerücht, dass das nicht beworbene Waschmittel genauso gut sei wie der Markenkonkurrent. Dass sich immer wieder Hausfrauen fanden, die auf angebliche eigene Erfahrungen pochend darauf bestanden, dass dem nicht so sei, weist eine eigenartige Übereinstimmung mit den Botschaften der Werbung auf: Die Versprechungen der Marke wurden geglaubt und mit Treue honoriert. Vor allem die traditionellen nationalen Marken hatten eine gewisse prestigeträchtige Aura, und die Entscheidung für sie hob den individuellen Konsumenten aus dem Kreis der anderen hervor wie vormals die Aristokratie der Konsum von Luxusgütern.

Zudem gab es eine Parallele zwischen den lebenslangen Arbeitsplätzen und der lebenslangen Markentreue, in welcher der nationale Faktor eine wichtige Rolle spielte: Im geschlossenen Handelsstaat vor der Globalisierung war das alltägliche ausländische Produkt suspekt, die deutsche Hausfrau bevorzugte das deutsche Waschmittel, welches deutsche Arbeitsplätze schuf und das deutsche Wirtschaftswunder ermöglichte. Und vor allem war der Kreis der Marken überschaubar.

Es gibt einen Zusammenhang zwischen der im Segment der alltäglichen Marken wachsenden »Markenblindheit« der deutsch-österreichischen Konsumenten, der einen an den Marlboro-Day denken lässt, und dem Umstand, dass keine dieser Spielbedingungen heute noch gilt. Die Vielfalt und Tiefe der Allianzen, die es einmal zwischen den nationalen Marken und den Konsumenten gegeben hat, sind heute allesamt verschwunden. So haben die Konsumenten die Präferenz für lokale Marken abgelegt. Qualitativ mögen sich deutsche Nudeln nur wenig von den italienischen Konkurrenzprodukten unterscheiden, doch wo es um Spaghetti geht, ist der Marktanteil der deutschen Produkte gering. Parallel dazu ist die Zahl der arbeitsplatzgarantierenden nationalen Marken im Verdrängungswettbewerb gesunken – wenn der Chef von UNILEVER Deutschland und Vorsitzende des deutschen Markenverbandes J. G. Lindenberg argumentiert, dass »die gesamte Wertschöpfungskette, die hinter dem Markenartikel steht, viele Menschen (beschäftige), viel Kreativität (produziere) und daher ein äußerst sinnvoller Teil unserer Volkswirtschaft« sei, dann ignoriert er das Ausmaß der in Billigländer ausgelagerten Produktion der deutschen Marken.[73]

Die neue Unübersichtlichkeit der Images

Vor allem aber leidet die Idee der Marke, etwas Besonderes darzustellen, unter ihrer unübersichtlichen Vielzahl und ihrer Ähnlichkeit. Viele Marken haben ihre Aura verloren: PRADA, HELMUT LANG und JIL SANDER gehören alle Patrizio Bertelli und werden mit einer raffinierten Marketingstrategie auf Distinktionen getrimmt – ein Umstand, der dem Konsumenten wohlbekannt ist und seine Kaufmotivation nicht unbedingt stimuliert. Fabien Baron, der kreative Kopf hinter den Werbekampagnen von CALVIN KLEIN, HUGO BOSS, BURBERRY, BALENCIAGA und anderen stellt nicht nur für seinen Bereich zu Recht fest: »Es gibt von allem zu viel – zu viele Parfums, zu viele Modelinien, zu viele Accessoires. Es ist schwer, den Überblick zu behalten. Durch was unterscheiden sich heute Modemarken? Nicht durch Qualität, die ist bei den großen Häusern ziemlich ähnlich. Auch nicht durch die Produktlinie, denn jeder Trend, der halbwegs vielversprechend erscheint, wird sofort kopiert. Nein, was ein Modehaus im Idealfall unverwechselbar macht, ist die Verpackung oder das, was wir etwas vornehmer Image nennen.«[74] Was Baron hier formuliert, ist heute Allgemeinwissen geworden, jene »Einzigartigkeit«, auf die auch alltägliche Marken lange Zeit pochen konnten, hat sich auf die Verpackung reduziert – und das stellt den Konsumenten vor die Frage, ob es vernünftig ist, das »Image«, die ursprünglich sekundäre Kaufmotivation, unangemessen zu honorieren. Vor allem gibt es heute bereits zu viele miteinander konkurrierende und einander in atemberaubendem Tempo ablösende Images, zu viele geradezu scholastisch voneinander abgegrenzte Zeichen von »Männlichkeit« oder »Weiblichkeit« und locker-fortschrittlicher Gesinnung, zu deren Dechiffrierung der Konsument eine komplizierte Hermeneutik benötigt. Die von Baron vorgeschlagene Strategie der Forcierung des Image beinhaltet wohl eher eine ins Unendliche gesteigerte Variante des NIKE-Modells, derer der Konsument bald überdrüssig werden wird.

Die Orientierung am als Verpackung verstandenen Image unter

dem Imperativ der Profitmaximierung bringt auch immer mehr das von David Ogilvy schon 1964 beklagte totalitäre Element gewisser Marken und ihren Mangel an Flexibilität zum Vorschein: »Viele Kunden wollen nicht einsehen, dass das Image ihres Produkts gewisse Grenzen hat. Sie möchten, dass es alles für alle ist. Sie möchten, dass ihre Marke sowohl Männer als auch Frauen anspricht, die oberen Zehntausend und den Normalverbraucher. Und das führt meistens dazu, dass die Marke überhaupt keine Persönlichkeit mehr hat, sondern ein gänzlich gesichtsloses Neutrum wird.«[75] Es gibt hier eine erstaunliche Parallele zwischen den Marken und den politischen Parteien: obwohl sie sich voneinander unterscheiden wollen, drängen sie doch alle zu jener »Mitte«, die angeblich die Mehrheit garantiert.

Ogilvys Beobachtung gilt vor allem für die generationenübergreifenden Marken. Gewisse Marken im textilen Bereich genießen derzeit in jugendlichen Peer-Groups ein hohes Prestige. Es mag sein, dass konsumorientierte Eltern ihre Kinder dazu erziehen, sich an Marken zu orientieren. Das wird allerdings angesichts des schnellen Wachstums von Kindern und dem hohen Textilverschleiß, den deren Lebensgewohnheiten mit sich bringen, allmählich teuer: Das Markendenken der Kinder bedroht die elterliche Kasse und mobilisiert von vermögenden Schichten abgesehen die ökonomische Vernunft der Erziehungsberechtigten. Konsumistisch orientierte Kinder erziehen gewissermaßen ihre Eltern, indem sie ihnen in lästiger Weise manche absurde Komponente des eigenen Konsumverhaltens zurückspiegeln. Wenn dann der in vielen Haushaltungen beobachtbare Effekt eintritt, dass die Eltern ein No-Name-Sweatshirt tragen und die Kinder auf NIKE bestehen, dann findet zunächst auf der alltagsästhetischen Ebene ein Generationenkampf statt. In diesem Kampf gewinnen die Logos kurzfristig, doch gleichzeitig werden sie durch ihren Sieg zu einem Bestandteil der Jugendkultur oder im Extremfall infantilisiert. Textile Marken mit hohem Prestigewert helfen Kindern zunächst bei ihrem Wunsch, Erwachsene zu imitieren, und später bei dem, sich von ihnen abgrenzen. Doch diese Spirale ist keineswegs unendlich, die generationenüberschreitende Marke ist entwicklungspsychologisch schwer denkbar. Das Kind einer qualitätsbewussten und von der vorgeblich sozial engagierten Werbung angezogenen Mittelklassenfamilie, das von klein auf in BENETTON-Textilien gehüllt wurde, wird irgendwann einmal im Zug seiner Reifung eine nachvollziehbare Abneigung gegen diese Marke entwikkeln. Kurzzeitig mag es eine gute Marketing-Strategie sein, durch die Beigabe von Plastikspielzeug zu Junkfood die im innerfamiliären Entscheidungsprozess immer stärker werdenden Kinder zu Verbündeten heranzuziehen, so dass sie diktatorisch die Familie jeden Sonntag zu MCDONALD'S zerren, doch gleichzeitig hat sich die Marke damit ebenfalls infantilisiert. Reifung heißt für die Heranwachsenden – zumindest im urbanen Bereich – dann auch Abschied von MCDONALD'S und Entdeckung neuer, sozusagen »elternfreier« Konsumräume.

Zur Erotik der Produkttreue

Die öffentlichen Äußerungen der Repräsentanten der deutschen Markenfirmen sind von einem deutlichen Alarmismus gegenüber »Geiz ist geil« geprägt. Der Preiskrieg, so Ralf Klein-Bölting, habe in vielen Warenklassen zu enormen Wertverlusten geführt, die durch Einsparungen nicht mehr kompensiert werden könnten. Vor allem hätte der Preis seine Funktion als Orientierungshilfe verloren – der Zusammenhang zwischen Qualität und Preis müsse daher «wieder offen« diskutiert werden.[76] Schon diese Argumentation zeigt eine deutliche Abwendung von den glamourösen Marketing-Strategien der 90er Jahre. Dabei wird auch der Inhalt des »Images« neu bestimmt: Waren es in den 90er Jahren die neuen sozialen und ästhetischen Werte, so wird jetzt parallel zu gesellschaftlichen Trends eine Renaissance der »traditionellen« Werte betrieben, in der Leitfiguren wie die »selbstbestimmte Frau« offensichtlich ausgespielt haben. In der Bevölkerung – so die Sprecher der Markenindustrie – mache sich ein Bedürfnis nach »Orientierung« bemerkbar und das bedingt offensichtlich eine Revision des Zeitgeistes: Es sind nicht mehr die verspielt-kreativen Teams, die das Image schaffen, sondern der Erfolg einer Marke sei »häufig mit starken und visionären Unternehmenspersönlichkeiten verbunden (...) Brand-Marketing [Markenpflege] muss folglich Chefsache sein.« Und die Rede dieser Chefs ist von biblischer Klarheit: »Die Verbraucher sehnen sich nach Qualität und Bewährtem und finden dies auch – in der Marke. Denn was Marken versprechen, das halten sie auch. Sie geben uns die Sicherheit, keinen Fehlkauf zu tätigen.«[77] Diese Behauptungen werden uns ebenso beschäftigen wie die folgende, dass die Existenz von Marken auf nationaler Ebene allen nütze – sie schaffe nicht nur für den Unternehmer mehr Mehrwert, sondern »trägt über Innovationen wesentlich zum Wachstum der Volkswirtschaft bei«, ihre Stärken lägen auf den Feldern von »Innovation, Sicherheit, Qualität und Emotionalität«[78].

Das Wort Emotionalität zielt auf die Neubelebung einer von Vertrauen getragenen, lebensbegleitenden Beziehung »in guten wie in schlechten Zeiten« zum Verbraucher, wie sie vielleicht in den Wiederaufbaujahren existierte. Ausdrücklich wird angemerkt, dass diese Beziehung nicht zum »One-Night-Stand« verkümmern soll, sondern den Status »einer Freundschaft oder einer Ehe« haben soll: Der Verbraucher hätte eine »extrem hohe Sensibilität für den wertschätzenden ›Ich-bin-immer-für-dich-da‹-Anruf einer ihm vertrauten Marke«[79]. Geiz mag geil sein, doch Markentreue signalisiert Sensibilität. Die eigenartig erotisch aufgeladene Bilderwelt dieser Argumentation wird eine zukünftige Kulturkritik wohl beschäftigen. Vom Standpunkt des Konsumenten her betrachtet will diese Fantasie die Käufer in das Korsett der bestehenden Markenwelt pressen – die viel gerühmte Innovation ist hier offensichtlich nur den bestehenden Marken möglich und der Zuzug von neuen ist diesen verwehrt wie in mittelalterlichen Zunftordnungen. Das gilt für alle Bekundungen der Lobbyisten der deutschen Marken: Es ist unklar, ob sie einen elastischen Markenbegriff vertreten oder ob sie sich bloß einer Festschreibung der derzeitigen Markensituation Deutschlands verpflichtet haben. Vor allem enthält die zitierte Fantasie von Saskia Brededorn-Hiemenz ein kommunikatives double-bind, das zu Lasten der Verbraucher geht. Jene Industrie, die das Ideal einer flexiblen Wirtschaftsordnung mit allen ihren Nachteilen für Arbeitnehmer propagiert, reagiert mit Appellen zur lebenslangen Treue, wenn der Konsument ebenfalls beginnt, die Vielzahl der Optionen zu nützen und sich dem Angebot gegenüber flexibel zu verhalten.

»Ohne den Nachweis einer relevanten Mehrleistung hat die Marke keine Überlebenschance.«[80] Und diese Mehrleistung liege zunächst in der Behauptung, dass Marken die Träger der Innovation seien. Auch das ist ein zweischneidiges Argument, denn es gibt zahlreiche Güter – das berühmteste Beispiel ist der elektrische Rasierapparat – bei denen die Innovation seit Jahrzehnten abgeschlossen ist. Auch ist Innovation ein vieldeutiges Wort und es gibt Felder, wo die Innovation den Absatz hemmen kann. Wenn ein Markenartikel sich plötzlich ändert – im Aussehen, im Geschmack, in der verwendeten Technologie –, dann fällt das Vertrautheitsgefühl des Konsumenten, durch das die prinzipielle Angst vor dem Neuen gehemmt wird, weg und er befindet sich diesem Produkt gegenüber in einer ähnlichen Situation, wie gegenüber einem unbekannten.

Der zweite Pluspunkt, den die Marken sich zuschreiben, liegt darin, dass sie »immer spezifische Qualitätsvorteile gehabt und herausgearbeitet haben«[81] und das »Signal« dafür sei der Preis.[82] Woher aber kommt dann die »Sehnsucht« der Konsumenten nach Qualität? Ist ihr verständlicher Wunsch nach Qualität derart intensiv enttäuscht worden, dass sie mit »Sehnsucht« reagieren? Und wann hat diese Enttäuschung stattgefunden – im »Ehebruch« mit einem No-Name-Produkt oder gar in der »Ehe« mit einer Marke? Gibt es überhaupt eine über das auch No-Name-Produkte bindende Gewährleistungsrecht hinausgehende Garantie für die besondere Qualität dessen, was sich »Marke« nennt? Verdienen die Marken jenes Vertrauen, das sie fordern?

Oder gilt einfach: Eine Marke ist deswegen eine Marke, weil sie eine Marke ist, und deswegen ist sie auch teuer.

Der Konsument, der die referierte Diskussion studiert, findet viele Behauptungen, doch kaum den Versuch eines Dialogs über seine Erfahrungen mit Marken und keinen Appell an seine eigene, unmittelbare sinnliche Wahrnehmung des Produkts, an seine Produktkompetenz. Kann es sein, dass die Zuschreibung von Qualität, Berechenbarkeit und Verlässlichkeit in ähnlicher Weise zum Image degeneriert ist, wie seinerzeit die fortschrittliche Haltung von NIKE und Co?

Qualität, Preis und Umsatz

Paradoxerweise ist es im Übrigen gar nicht sicher, dass faktische Qualität – also nicht nur das Qualitätsimage – tatsächlich den Umsatz eines Produktes fördert. Je älter vor allem jene sozialen Schichten werden, die schon im vergangenen konsumistischen Jahrzehnt über viel Geld verfügten, desto voller werden beispielsweise ihre Kleiderschränke. Gewiss, neue Bedürfnisse tauchen auf, und es gibt tatsächlich – etwa im Bereich der Sporttextilien – solche, die sich abnützen. Doch wer in den vergangenen guten Jahren verführt von neuen Farbkombinationen jährlich vier, fünf Polohemden gekauft hat, die alle noch tragbar sind, der wird jetzt lieber in den Tiefen seiner Garderobe wühlen und neue Kombinationen aus alten Stücken herstellen, als ein neues Polohemd zu erwerben. Dazu kommt ein zweiter Aspekt: Textilien wurden früher länger getragen, was der Qualität einen höheren Status gab. Heute sind viele nach kurzer Zeit zwar kaum getragen, aber vom Design her out. Ein H & M-Textil ist von vorneherein auf eine kürzere Tragezeit angelegt, die Botschaft an den Käufer lautet: Kaufe drei statt einem und wechsle öfter. Diese Botschaft hat sich durchgesetzt und dem Kaufverhalten einen Rahmen gegeben. Nun kann es aber – vom Bereich des sogenannten klassischen Designs einmal abgesehen – auch im Qualitätssegment geschehen, dass Textilien, die möglicherweise kaum getragen sind, veraltet und damit inakzeptabel sind. »Das Sakko ist drei Jahre alt, ich habe es nur einige Male getragen, in den letzten zwei Jahren nie« – das ist eine Konstellation, die zur Entsorgung rät, aber gleichzeitig etwas Unvernünftig-Verschwenderisches und damit auch etwas Schuldhaftes in sich birgt. Die Konsequenz für den Smart-Shopper liegt darin, bei extravaganten Designs die Qualitätsfrage hintanzustellen.

Wenn wir den Bereich von Qualität als Image beiseite lassen und uns der Realität zuwenden, dann stellt sich der behauptete zwingende Zusammenhang als Fiktion heraus. In den in Südostasien gelegenen Produktionsstätten der Textilindustrie und der Unterhaltungselektronik werden manchmal in einer einzigen Halle die internationale Marke, die nationale von minderer Reputation und das »No-Name«-Produkt hergestellt. Das ist eine der Ursachen dafür, dass viele Marken ein Qualitätsproblem haben, und damit sind für den Konsumenten äußerst nachhaltige Erfahrungen verbunden. Eine Familie, die gewohnheitsmäßig einen teuren und im Design auffälligen Entsafter kauft, der sich durch eine lange Haltbarkeit auszeichnet, wird sich von der Marke trennen, wenn der Hersteller nach dem Verkauf an einen Konzern plötzlich die Qualitätsstandards, nicht aber den Preis senkt. Wenn dann der Billigentsafter, der nur ein Drittel des gewohnten Geräts gekostet hat, nach drei Jahren den Geist aufgibt, ist das akzeptabel und wer Glück hat, bringt auch dieses Gerät in eine fünfjährige Haltbarkeitsdauer. Die Erfahrung, dass ein ehemaliges deutsches Qualitätsprodukt aus dem Bereich der Unterhaltungselektronik mit ansprechendem Design einen »Relaunch« erfährt, dass das teure Stück tatsächlich in Malaysia produziert wurde und prompt nach Ablauf der Garantiefrist versagt, während die gleichzeitig von einer Wochenzeitschrift als Werbeprämie verschenkte No-Name-Stereoanlage noch nach Jahren ihren Dienst im Büro versieht, wird wohl kein Konsument vergessen.

Seit dem Start der Kampagne »Achten Sie auf die Marke« 1997 haben 67 österreichische Markenartikelunternehmen mehr als 120 Mio. Euro im Kampf gegen die zunehmende Markenblindheit der Konsumenten und für höhere Kundenloyalität investiert. Die damit betraute Agentur war so erfolgreich, dass sie seit Mai 2003 eine ähnliche Kampagne in der Bundesrepublik durchführt, die bisher mit 25 Mio. Euro dotiert war und 52 Marken vorstellte. Der gewählte Slogan – »Die Marke. Etwas anderes kommt mir nicht in die Tüte.« – ist eindeutig an das »Geiz ist geil«-Milieu adressiert. Das ist eine riskante Strategie, denn damit haften die Markenproduzenten füreinander, polarisieren und machen die Frage »Marke oder nicht Marke?« zu einer prinzipiellen. Später werden wir jenes Triumphgefühl über »Schnäppchen« besprechen, das den Smart-Shoppern und der »Geiz ist geil«-Fraktion gemeinsam ist. Seine Legitimation findet es im tiefen Ärger des Käufers eines Marken-Polohemdes, der das ohnedies nicht benötigte Stück zunächst einmal in den Schrank legt, es nach Monaten erstmals trägt und der Waschmaschine etwas entnimmt, das aussieht wie ein viel benützter Aufwaschlappen in einem Gebäudereinigungsunternehmen auf Leiharbeitsbasis. Verstärkt wird dieser Ärger, wenn der Verkäufer auf den Zeitraum zwischen Kauf und Reklamation hinweist, darauf, dass es noch nie eine derartige Beschwerde gegeben hätte, und einem schließlich unterstellt, dass man das gute Stück mit 60 Grad verwaschen habe. Wem solches widerfährt, dem wird möglicherweise die Lust auf Marken im Textilbereich völlig verdorben. Im Übrigen ist die Solidarität der Marken eine Schimäre, was jener verräterische Werbespot eines Herstellers von Luxusartikeln belegt, der unter dem Tisch eine ALDI-Tüte platzierte.

Wer billig kauft, schädigt die Volksgesundheit

Im Lebensmittelbereich stehen die Marken nicht nur unter dem Druck der Versprechungen, die sie in der Werbung gemacht haben, sondern auch des schlechten Gewissens, das sie produzieren: Wer billig kauft, so heißt es, führt den Hersteller in Versuchung umwelt- oder gesundheitsschädlich zu produzieren. Das mag sein, doch wenn der Acrylamid-Gehalt von Kartoffel-Chips eines Bio-Herstellers doppelt über dem gesetzlichen Signalwert liegt, oder wenn am idyllischen Bauernmarkt Eier von angeblich »glücklichen Hühnern« – das ist eine sozusagen inoffizielle Marke – verkauft werden, die tatsächlich aus Käfigtierhaltung stammen, dann wird der billig kaufende Konsument in seinem schlechten Gewissen entlastet.

Die deutsche Verbraucherministerin Renate Künast hat die Orientierung der Konsumenten am Preis als Hindernis der Etablierung von »Bio« als einer Art ökologisch inspirierter »Supermarke« kritisiert. Doch immer wieder erleben wir Episoden, die diese Kritik irrelevant machen: Mehr als 2000 Tonnen dioxinverseuchtes Futtermittel wurden in Thüringen eingesetzt, doch mindestens zehn der mit belastetem Tierfutter belieferten Tiermastbetriebe durften ihre Produkte mit dem im Herbst 2002 eingeführten »QS-Prüfzeichen« versehen. Diese nach dem BSE-Skandal eingeführte Auszeichnung, steht für Qualität und Sicherheit und verspricht dem Konsumenten eine mehrstufige Kontrolle und eine lückenlose Dokumentation vom Landwirt bis zur Fleischtheke – ein Versprechen, das nicht eingehalten wurde und von dem die Berliner Organisation »Foodwatch« meint, dass es nur der Werbung diene.[83] Dass selbst derartige Siegel nicht mehr verlässlich sind, ist eine durchaus repräsentative Konstellation – viele Marken sind in einem permanenten Prozess der Delegitimation begriffen und haben mitgeholfen, eine der Grundlagen des Wirtschaftslebens, das Vertrauen, zu untergraben. Das soll beklagen, wem danach zumute ist. Zentral ist, dass damit eine Spielbedingung geschaffen wurde, die dem Verhalten der Smart-Shopper eine hohe Funktionalität gibt.

Auch die Abverkäufe und die Billigschienen, die manche Unternehmen betreiben, beschädigen die Marken: Eine Marke ist heikel wie die Jungfernschaft in einem anatolischen Dorf und der Konsument weiß genau, dass er gewisse Produkte von FRED PERRY nie oder nur äußerst selten im Abverkauf erhält, dass er aber andere Markenartikel an gewissen Orten auch billiger bekommen kann. Damit wird ein letzter Rest der ohnedies fragwürdig gewordenen Glaubwürdigkeit der Marken beschädigt. Der Konsument, der erlebt, dass dasselbe Produkt zweimal angeboten wird, und der sich auf der Seite jener findet, die den vollen Preis gezahlt haben – und das kann etwa bei einem Notebook einen Betrag von mehreren hundert Euro ausmachen –, wird auch diese Erfahrung nicht vergessen.

Viele Produktionsmarken kaufen im Übrigen mittlerweile Ware hinzu, die etwa in Südostasien hergestellt wurde. Das bleibt dem Konsumenten ebenso wenig verborgen wie der Umstand, dass eine Handelskette ihre Stammkunden mit verbilligten Markenartikeln belohnt, die tatsächlich in Osteuropa hergestellt wurden: Die angeblich heimische Herstellerfirma hat einfach ihr Logo gegen Konzessionsgebühren verliehen und übernimmt als kleine Gegenleistung etwas, was mit dem dunklen Wort »Qualitätskontrolle« bezeichnet wird.

J. G. Lindenberg wähnt nur jene Marken in Gefahr, »denen es nicht mehr gelingt, sich zu differenzieren, sich nicht mehr von den No-Names und Commodities abzuheben« und die so »für nichts Besonderes mehr stehen« – doch deren Zahl wächst täglich. Wenn eine etablierte Textilmarke sich von der Konkurrenz nur dadurch abhebt, dass ihre Produkte die riesige Signatur des Herstellers tragen, wodurch der Käufer in eine Art unbezahlter Werbeträger verwandelt wird, dann ist allmählich die ungewöhnliche Situation erreicht, dass die Marke nicht mehr mit einem exklusiven Nonkonformismus assoziiert wird, sondern mit einem einfallslosen Konformismus – und dass die bisher teure Haltung eines individualistischen Nonkonformismus billiger wird. Werner Baldessarini, der ehemalige Leiter von BOSS und in den Schlagzeilen als »Modeguru von Weltrang« apostrophiert, plädiert dafür, dass ein Manager durch seine Bekleidung Vertrauen ausstrahlen sollte. Er sollte seinen Anzug »fantasievoll kombinieren«, und da dürfe »das Hemd nicht 29 Euro kosten, das sieht man sofort«[84].

Doch sieht man das wirklich? Sieht man dieses geheimnisvolle »Es« auch, wenn das Hemd ein Markenhemd im Abverkauf ist und nur 29 Euro gekostet hat? Und sieht man »Es« einem No-Name-Hemd schon beim ersten Tragen an oder ab dem wievielten Tragen und Waschen sieht man »Es« auch dem Markenhemd an? Und vor allem: Wie steht es mit jener bedauernswerten Minorität des männlichen Geschlechts, an der selbst ein Maßhemd wie ein vielgetragenes Billigprodukt aussieht? Auch Baldessarinis Statement hat einen autoritären Charakter, und es entlarvt die Stärke, die sich die Marken und ihre Träger anmaßen, als eine aus der Defensive entstandene Anmaßung: Jene Produktkompetenz, die einen in den Stand setzt, einen Stoff anzugreifen und zu spüren, ob man »Es« nach dem dritten Waschen sehen wird, jene ästhetische Kompetenz, die einen befähigt, selbst herauszufinden, welche Kombination einem passt – es scheint, dass prinzipielle Markenträger darüber nicht verfügen. Das einzige, was sie wissen ist: Das Hemd muss mehr als 29 Euro kosten. Solche Konsumenten verdienen es wohl, über den Tisch gezogen zu werden. Gewiss: Baldessarini hat einen Verbündeten in Thorstein Veblens Erkenntnis, dass wir »niedrigen Preisen (misstrauen), weil wir *verdienstvoll* mit *teuer* gleichsetzen«[85]. Und dennoch: Wahrscheinlich sind die Smart-Shopper die verdiente Strafe, die Hermes, der Gott des Handels, über Botschaften, wie die zitierte Baldessarinis, verhängt hat.

Eigenmarken: Die zweite Strafe des Gottes Hermes

Am glaubhaftesten sind die Marken dort, wo sie ihr hochfahrendes Gehabe ablegen und um unser Mitleid buhlen. Sie sind derzeit wahrlich nicht beneidenswert, stehen sie doch im Verdrängungswettbewerb untereinander und in dem der Handelsketten unter hohem Druck: Die Ketten pressen sie zu Niedrigpreisen, welche die Profitmarge der Hersteller verringert. Die Verlegung der Produktion und die Rationalisierung schaffen hier nur kurzzeitig Abhilfe und haben vor allem Nebeneffekte im Sektor der Qualität und des Image. Dass zwischen 2001 und

2003 die Werbeausgaben in Deutschland dramatisch gesunken sind und – so der Zentralverband der deutschen Werbewirtschaft (ZAW) – nur noch 30 Milliarden betrage, ein Umstand, der vor allem die deutschen Fernsehstationen und Zeitungsverlage schwer getroffen hat, sollte allerdings nicht so gedeutet werden, dass die Marken resigniert haben; die Rückgänge kommen zu einem erheblichen Teil aus der Sparte der Dienstleister.

In der Konsumgüterindustrie etwa, wo es ja tatsächlich die Möglichkeit gibt, für nahezu identische Produkte verschiedene Preise zu verlangen, helfen langfristige Public-Relation-Aktionen, die sich nicht als Mittel der unmittelbaren Verkaufsförderung begreifen, immer noch. Die deutsche Tochter des US-Konzerns PROCTER & GAMBLE hat mit Umsatzeinbrüchen dafür gezahlt, dass sie zwischen 2000 und 2001 ihr Werbebudget um 40 Prozent verringerte. »Einmal gepoppt, nie mehr gestoppt« oder »Sprudel – sauber – sagenhaft« werden also weiterhin unser Leben begleiten. Allerdings: Auch die Werbeausgaben der Discounter steigen, sie setzen dem Markenbewusstsein das Preisbewusstsein entgegen.[86] DIE KLEINE MARIE, eine Erfindung der Düsseldorfer Agentur DIE GUTE GESELLSCHAFT ist Berichten zufolge am Weg zu einer »Rezessionsmarke«, die sich nach dem Prinzip der »Verschlichterung« organisiert.

Die sogenannten Eigenmarken verstärken die Krise der Marken erheblich. Der Ausdruck hat sich eingebürgert, ist aber unpräzise. Man unterscheidet Marken, die ein Handelsunternehmen im allgemeinen Rahmen seines Vertriebes anbietet, das sind häufig wechselnde, fantasievolle Namen, und solche, hinter denen das Gesamtunternehmen steht – also etwa CLEVER, QUALITY LINE oder JA! NATÜRLICH von BILLA/REWE. Im Englischen ist die Distinktion genauer: Es gibt »private labels« und »dealer brands«. In beiden Fällen handelt es sich meist um sachkundig hergestellte Imitate. Die Unlust der Konsumenten der derzeitigen Überproduktion gegenüber ermöglicht ihre Herstellung: Viele Markenartikelhersteller haben freie Produktionskapazitäten oder aber im Zug von Fusionen (etwa in der Sparte der Milchverarbeitung) haben sich kleinere Betriebe entschlossen, »unabhängige« Hersteller für einen Discounter oder eine Handelskette zu werden. In jedem Fall ist das Imitat eine Auftragsarbeit, die nichts mit dem Vertriebsunternehmen zu tun hat – das ist wohl eine große und paradox anmutende Gemeinsamkeit zwischen den Eigenmarken und außeralltäglichen Produkten wie NIKE.

Die Eigenmarke galt ursprünglich als das Kennzeichen der Discounter. ALDI/HOFER etwa wird eine Umsatzquote von 95 Prozent an Eigenmarken nachgesagt und man schreibt dem Konzern auch ihre Erfindung zu; zu unrecht, denn tatsächlich waren die deutsch-österreichische KONSUM/COOP-Bewegung und der Schweizer MIGROS-Konzern die Pioniere der Eigenmarke. In beiden Fällen handelte es sich um ideologisch hoch aufgeladene, sozusagen alternative Projekte: Genossenschaftlich organisierte Konsumenten nahmen auch die Produktion der von ihnen konsumierten Güter in die Hand. Die neuen Eigenmarken verzichten auf diese »psychologische Prämie« zugunsten einer materiellen.

Heute sind die Eigenmarken ein treffliches Mittel der Discounter und Ketten, die Markenartikelhersteller auf der Preisebene unter Druck zu setzen, gleichzeitig stellen sie eine existenzielle Bedrohung für diese dar. Vor allem im Lebensmittel- und Textilsektor können Ketten und Discounter erfolgreiche Marken mühelos imitieren, sie sparen dabei an Entwicklungs- und Werbekosten, machen sich unabhängig und benutzen die Eigenmarke als Waffe gegen das Original. Eine besonders gute Position hat dabei jene ständig wachsende Zahl von Ketten, die sowohl Eigen- als auch Fremdmarken anbieten. In ihrer Werbung spielen sie unverhohlen darauf an, dass es keinen Qualitätsunterschied gebe, ja dass die Marke und die sie konkurrenzierende Eigenmarke in vielen Fällen denselben Hersteller hätten. Die österreichische Handelskette SPAR etwa wirbt mit einem in zwei Hälften geschnittenen Apfel: »Aus beiden Hälften wird Saft gepresst. Der Saft aus der ersten Hälfte fließt in die Packung eines bekannten Herstellers. Der Saft der zweiten Hälfte fließt in eine SPAR-Apfelsaft-Packung. Sehen Sie den Unterschied? Der

Preis ist der Unterschied!« Rund um solche Behauptungen flammen gelegentlich intensive mediale Kämpfe auf: Die SCHIESSER AG etwa protestierte in einem wütenden Leserbrief gegen die Behauptung des *Spiegel*, die von TSCHIBO unter der Marke TCM vertriebene Unterwäsche werde von ihr hergestellt.

In Österreich (wo der Anteil der Discounter im Lebensmittelhandel geringer ist als in Deutschland) war und ist die neue Orientierung der Ketten an Eigenmarken äußerst erfolgreich: Der vermehrte Einsatz von Eigenmarken hat im Wettkampf zwischen Handelsketten und Discountern jenen im Jänner und Februar 2003, also während einer hartnäckigen Konsumflaute, ein Umsatzplus von 7 bzw. 3,9 Prozent beschert, während den Discountern, die ihre Zahlen nicht offenlegen, rückläufige Absätze nachgesagt werden.[87] Die Ketten beginnen also in gewisser Weise, die Eigenmarken salonfähig zu machen – BILLA/REWE rühmt sich, »tausend« Eigenmarkenartikel zu führen und erweitert sein Sortiment derzeit bis hin zu hochspezialisierten Produkten wie feuchtem Toilettepapier.

Doch die Sogkraft der Marke leidet nicht nur unter der behaupteten Unterschiedslosigkeit zwischen ihr und dem Imitat. Es gibt eigenartigerweise von Seiten der Konsumenten eine geringere Erwartungshaltung Eigenmarken gegenüber und damit ein geringeres Enttäuschungspotenzial: Wer Eigenmarken kauft und enttäuscht wird, der ist sozusagen »selbst schuld«. Durch den geringeren Einsatz von Werbung wälzt die Eigenmarke das Risiko auf den Konsumenten ab, und der Schaden, den der Verkäufer erleiden kann, wenn das Produkt unbefriedigend ist, ist gering, denn die Eigenmarken haften derzeit noch nicht füreinander. Wer einmal einen geschmacklich unbefriedigenden Pudding einer Marke gekauft hat, wird möglicherweise in Zukunft diese Marke meiden und im Extremfall sein prinzipielles Verhältnis zu Marken überdenken; wer einmal einen trockenen oder ranzigen Keks bei ALDI/HOFER gekauft hat, erlebt – wenn er ansonsten mit dem Handelsunternehmen zufrieden ist – nur eine parzielle Enttäuschung und wird, so er nicht zur Quärulanz neigt, seinen Groll nicht auf das gesamte Handelsunternehmen mit allen seinen Eigenmarken übertragen.

Ein »dealers brand« wie CLEVER von BILLA schafft also eine komplexe Einheit, in der der Konsument sehr differenziert agiert. Wenn er findet, dass die CLEVER-Molke nicht gut ist, dann wird er das Urteil nicht auf die CLEVER-Marmelade ausdehnen, weil er weiß, dass CLEVER eine Sammelmarke unterschiedlichsten Ursprungs ist, und selbst wenn er entweder prinzipiell oder nach einigen üblen Erfahrungen die Eigenmarke CLEVER ablehnt, wird ihn das nicht unzufrieden mit BILLA machen.

Ungeachtet dessen gibt es eine Erfahrung, die zeigt, dass es unter den Konsumenten immer noch eine Präferenz für die Marke gibt und dass das stärkste Kaufmotiv für die Eigenmarke immer noch der Preis ist. An normalen Tagen ist das Regal mit der DANONE-Molke recht voll, während das mit CLEVER ständig nachgefüllt wird – doch wenn DANONE eine Aktion macht, ist es umgekehrt, und zumindest die Smart-Shopper greifen zum normalerweise teureren Produkt, und bald herrscht im DANONE-Regal gähnende Leere. Es gibt offensichtlich immer noch eine von der Werbung mental internalisierte Angst der Konsumenten vor dem Billigen. Der Sportler, der seinen Jogging-Anzug bei TCHIBO statt bei NIKE kauft (eine Entscheidung, wo es buchstäblich um Preisrelationen von eins zu fünf geht), hat Angst, dass das Produkt irgend einem diffusen technischen Standard – Luftdurchlässigkeit etwa – nicht entspricht. Die Eigenmarken wären also gut beraten, jenseits des Preisarguments dem Konsumenten ein »soft landing« in der neuen Produktwelt zu ermöglichen.

Verlässt man den Lebensmittel- und den Textilsektor, dann stellt sich – etwa im Bereich der elektrischen Geräte und der Unterhaltungselektronik – die Frage nach der Qualität des Service. Konsumenten klagen über schlechte Erfahrungen: Fehlende Beratung, fehlende Kulanz oder gar das Abschieben von Produktionsmängeln auf angebliche Bedienungsfehler durch den Produzenten. Die Ladenkette, die selbst eine Art Marke repräsentiert, ist auch hier gut beraten, dem Konsumenten, der möglicherweise ein schlechtes Gewissen wegen seiner Markenuntreue hat, mit äußerster Kulanz entgegenzukommen – über EDUSCHO/TCHIBO-Läden wird solches berichtet.

Es gibt auch Fälle, in denen ein Qualitätsunterschied zwischen der Eigenmarke und dem Markenprodukt für den Konsumenten kaum eine Rolle spielt – das gilt vor allem im textilen Bereich. Noch einmal: Neue Designs werden mit atemberaubender Geschwindigkeit kopiert. Sind sie extravagant, so haben sie eine relativ kurze ästhetische Ablauffrist – dann stört es niemanden, wenn sie auch aus qualitativen Gründen nicht mehr tragbar sind. Ähnliches gilt auch für prestigeträchtige, hochspezialisierte Sporttextilien: die Fleecejacke von TCHIBO/TCM kostet ein Zehntel des ähnlich aussehenden Stückes aus dem Spezialgeschäft für Bergsteiger. Es wird keinem vernünftigen Konsumenten einfallen, mit ihr den Nanga Parbat zu besteigen, doch – im Alltag getragen – kann man sich mit ihr ein wenig von dem Prestige eines Spitzensportlers leihen. Mit Verwunderung habe ich einmal bei einem hochdotierten Manager eine imitierte ROLEX aus Hongkong gesehen. Er besitzt sie seit einigen Jahren und normalerweise sieht man das diesen Imitaten an. Seine wirkte hingegen wie neu – er hatte sie erst einige Male getragen, und zwar immer zu wichtigen Finanzverhandlungen. Auch so kann man Imitate nützen.

Durch die Eigenmarken sind die Handelsketten in eine unmittelbare Konkurrenz mit den Produzenten geraten, doch haben sie offensichtlich derzeit kein Interesse, die Marken prinzipiell zu unterminieren. Im Gegenteil, in dieser Konkurrenz haben die Ketten die besseren Karten, die Eigenmarken bieten ein fantastisches Druckmittel. Sie können die klassischen Marken dazu zwingen, billiger zu werden oder »Aktionen« zu veranstalten und punkten damit in der Konkurrenz untereinander und mit den Discountern; sie können einschätzen, welche Produkte sich gut verkaufen, und diese immer schneller imitieren.

Auch bei Eigenmarken können wir den Konflikt zwischen den Smart-Shoppern und der »Geiz-ist-geil«-Mentalität beobachten. Er wird auf der ästhetischen Ebene ausgetragen, in Form, Farbe und Gestaltung der Verpackung. Vor allem bei Artikeln, die mit »Qualität/Luxus/Verwöhnung« assoziiert sind, wird auf geradezu schamlose Weise die Verpackung des etablierten Produkts imitiert, so dass der Konsument fast keinen Unterschied merkt – es handelt sich dabei um sogenannte »Look-alikes«, also Produkte, die den prominenten Marken im ersten visuellen Eindruck sehr nahe kommen. Die Markenindustrie ruft angesichts dieses Verhaltens zu Recht nach dem Gesetzgeber und der Justiz, ist aber durch ihre Bindung an die Handelsketten an einem konsequenten Vorgehen gehindert. Oder aber Eigenmarken verzichten vor allem bei Produkten des täglichen Bedarfs bewusst auf die opulente Ausstattung des Originalprodukts und signalisieren damit eine asketische Abstinenz vom »Überflüssigen«, die den geringeren Preis erklärt.

Selbst der schon zitierte J. G. Lindenberg räumt ein, dass die qualitätsmäßigen »Abstände zwischen Handels- und Industriemarken immer geringer« würden, was bedeutet, dass die zentrale Argumentationsbasis der Marken wankt. Die Zahl und die Verbreitung der Eigenmarken werden weiter zunehmen, was aber nicht bedeutet, dass man dem Prinzip »Marke« verfrüht das Sterbeglöckchen läuten soll. Nicht nur die Smart-Shopper und die »Geiz ist geil«-Mentalität haben die deutsche Markenlandschaft irreversibel umgekrempelt und der verzweifelte Ruf nach »Produkttreue« wird daran nichts ändern. Doch parallel zur Krise der »alltäglichen« Marken entstehen ständig neue, »außeralltägliche«: im Bio-Bereich, im Bereich des »Lifestyle«, des »functional foods« für die Zielgruppe der »Tweeniors« – der lebenslustigen Menschen im Alter zwischen 55 und 70 Jahren –, des »Anti-Aging« und in anderen entwicklungsintensiven Sparten, wo tatsächlich die viel beschworene Innovation stattfindet, wo das »imitieren« zumindest derzeit nicht so leicht ist und wo hohe Wertschöpfungsmöglichkeiten existieren. Das Prinzip »Marke« wird uns also noch lange Zeit begleiten, allerdings mit einer ständig zunehmenden Geschwindigkeit im Entstehen und Vergehen von Marken.

4. It's the Economy, stupid!

Die verhaltensökonomische Stimmung von »Geiz ist geil« ist relativ jung und ihre Vorgeschichte zeigt, dass sie kein zwingender Bestandteil unserer Mentalität ist. Wirtschaftsmentalitäten reflektieren auch die jeweilige ökonomische und politische Situation, Kaufentscheidungen sind Statements, mit denen die Konsumenten ihre vermeintlichen Optionen kommentieren.

Hegels »Eule der Minerva« fliegt bekanntlich erst in der Dämmerung – die Lösung komplexer gesellschaftlicher Fragen ist erst der Nachwelt zugänglich. So wissen wir heute, dass eine selbstverständliche Voraussetzung der Verhaltensökonomie der letzten Jahrzehnte illusionär war: der Glaube an ein unbegrenztes Wachstum und an eine ständige Zunahme der dem Staat und den privaten Haushalten zur Verfügung stehenden Ressourcen. Die apokalyptischen Visionen des Clubs of Rome von den »Grenzen des Wachstums« aufgrund eines drohenden Rohstoff- und Energiemangels haben diese Illusion zwar kurzzeitig in Frage gestellt, doch deren Basis unhinterfragt gelassen: dass es der Moderne mit ihrem wirtschaftspolitischen Instrumentarium gelungen sei, der schon dem biblischen Joseph vertrauten Plage des wirtschaftlichen Krisenzyklus endgültig Herr zu werden. Dass der große Inspirator dieses Instrumentariums, der britische Ökonom John Maynard Keynes, mit seiner Theorie des »deficit spendings« als Mittel des Ankurbelns der Wirtschaft dabei nur selektiv rezipiert wurde, spielte für die wirtschaftspolitischen Protagonisten jener Jahrzehnte kaum eine Rolle.

Aus heutiger Sicht sieht die Bilanz einer Wirtschaftspolitik, die sich jahrzehntelang hinter dem »deficit spending« versteckt hat, recht schlecht aus: Die Staatsschulden haben sich vervielfacht und der Zinsendienst samt deren Tilgung blockieren die

Budgets. »Wir leben«, so Ulrich Beck, »gewissermaßen in unserer eigenen Zukunft.«[88] Der wachstumsmäßige Effekt dieser Verschuldung ist aus heutiger Sicht fraglich, das Geld scheint eher in die Befriedigung eines ständig wachsenden Anspruchsniveaus der Bevölkerung der schuldenmachenden Staaten geflossen zu sein. Zum »sozialdemokratischen Jahrhundert« des Ralf Dahrendorf gehörte auch ein Bündel von Einstellungen, von Erwartungen und Ansprüchen: Risiken, die ehedem als höchst privat galten, wurden verstaatlicht und die Zahl der Bedürfnisse, deren Erfüllung unter dem Schutz eines Imperativs zur Gerechtigkeit standen, wuchs. Wenn der Staat beschuldigt wurde, dann deswegen, weil seine Leistungen als zu gering galten. Da zahlreiche dieser Ansprüche nicht von wirtschaftlichen Leistungen gedeckt waren, finanzierte man sie auf Pump. Heute, da wir mit den aus dieser Haltung resultierenden Kosten konfrontiert sind, lässt sich leicht darüber klagen – der Gerechtigkeit halber sollte man allerdings zugeben, dass es sich damals um eine schöne Zeit handelte.

Optimisten sind großzügige Konsumenten

Der Schuldner – so er kein Betrüger ist – hat prinzipiell eine optimistische Einstellung gegenüber der wirtschaftlichen Entwicklung, das gilt auch für jene Finanzminister, denen das Schuldenmachen so sehr zur Gewohnheit wurde, dass ihre Gedanken nicht nennenswert über die Frage der eigenen Bonität und die aktuelle Bedienung der Rückzahlung hinausgingen. Dieser Optimismus hat sich im Bewusstsein der Bevölkerung verselbstständigt und die Warner wurden belächelt oder dem Lager der bekanntermaßen herzlosen Neoliberalen zugeordnet – wer will, kann darin eine Fortsetzung der »Derealisierung« der Periode des Wiederaufbaus sehen. Wie verbreitet die skizzierte Illusion war, zeigt ein Blick auf die Konsumkritik: Selbst sie speist sich aus heutiger Sicht aus dem Glauben an eine permanente Wohlstands- und Konsumgesellschaft – es galt, die Welt zu verbessern, und die Idee, dass sie sich aus ihrer eigenen Dynamik heraus verschlechtern könnte, war höchstens Linksradikalen vorbehalten, die sie mit der Idee des Zusammenbruchs des Kapitalismus und der darauf folgenden Weltrevolution verknüpften. Obwohl etwa Erich Fromm und Herbert Marcuse mehrere krisenhafte Zustände der nationalen und internationalen Ökonomie selbst durchlebt haben und wohl auch über das intellektuelle Potenzial zur Verarbeitung dieser Erfahrung verfügten, haben diese kaum Spuren in ihrem Denken hinterlassen: Was sie kritisierten, verstanden sie als Gegenwart und immerwährende Zukunft einer ungebremsten Konsumgesellschaft. Das verleiht ihrer Kritik einen paradoxen Status: Die großen Kritiker des Kapitalismus haben dessen Versprechungen geglaubt. Es ist allerdings bemerkenswert, dass die Rezeption Marcuses und die Anfänge der Studentenbewegung mit der ersten, bald überwundenen, deutschen Nachkriegsrezession zusammenfallen.

Ein rezentes Beispiel für die Stärke des Vertrauens in eine prinzipielle ökonomische Stabilität findet sich in einem Statement des Entertainers André Heller zum Thema »Freizeitwirtschaft«. Dass es »zunehmend immer weniger Arbeitsplätze geben« wird, ist Heller – wir schreiben das Jahr 1999 – durchaus bewusst. Ex post könnte man sich fragen, ob es die Menschen nicht verschreckt hat, als diese Erkenntnis allmählich zu einer massenweise verbreiteten Selbstverständlichkeit geworden war. Offensichtlich nicht, denn Heller – der hier als Repräsentant einer für neue Entwicklungen sensiblen Fraktion des Zeitgeistes zitiert wird – legt den Schwerpunkt in der Diskussion des Themas auf die Frage, was »die Menschen mit dieser vermehrten freien Zeit machen«. Und weiter: »Wir haben (...) kein seriöses Angebot für einen Menschen, der 43 oder 57 Jahre alt ist und plötzlich pro Tag sechzehn wache Stunden zur Verfügung hat.«[89] Die Lösung, die Heller anbietet, ist eine kreativ hoch aufgeladene Freizeitwirtschaft, die auch – das sei nicht geleugnet – das Potenzial hat, neue Arbeitsplätze zu schaffen. Aus heutiger Sicht ist die Orientierung auf eine sinnvolle Gestaltung der damals schon anwachsenden strukturellen Arbeitslosigkeit weltfremd:

Das Problem der volkswirtschaftlichen Auswirkungen bleibt ebenso ausgeklammert wie die Frage, wer den Lebensunterhalt der Arbeitslosen inklusive jenes »seriösen Anbots« für ihre Freizeitgestaltung finanzieren solle. In einer Gesellschaft, die mehrheitlich derart optimistisch dachte, war Geiz sicher nicht »geil«.

Die IT-Blase und die mit ihr verbundene Kultur einer kollektiven Verschwendung waren die letzten Stützen der Illusion von der Legitimität eines ständig anwachsenden Anspruchsniveaus. In den drei Jahren des ökonomischen Abstiegs hat sich eine neue, realistische Mentalität entwickelt – Renate Köcher vom Institut für Demoskopie spricht in ihrer Studie *Das aktuelle Reformklima* von einer »wehmütigen Kapitulation«. Unter großen Widerständen beginnt die Bevölkerung Deutschlands und Österreichs sich der unbequemen Erkenntnis zu stellen, dass das Wohlergehen der nationalen und internationalen Ökonomie für den Einzelnen schicksalhaften Charakter hat. Die interessanterweise auf deutsche Initiative eingeführten Maastricht-Kriterien mit ihrer Begrenzung der Neuverschuldung bildeten eine wichtige, aber keineswegs die einzige Etappe in diesem kollektiven Erkenntnisprozess. Die Zukunft der Maastricht-Kriterien ist unklar, sie hatten in jedem Fall in mehreren EU-Staaten Bemühungen um die Sanierung der öffentlichen Haushalte zur Folge, in deren Verlauf die staatliche Absicherung allmählich eingeschränkt, Risiken privatisiert und damit – etwa im Bereich der Eigenvorsorge – Entscheidungskompetenzen erzwungen werden, die unserer Kultur während der letzten Jahrzehnte fremd waren. Laufende Ereignisse erlauben die Spekulation, dass diese Änderungen des staatlichen Verhaltens das Potenzial in sich tragen, uns eine Neuauflage scheinbar erledigter Verteilungskämpfe zu bescheren.

Der neue Pessimismus

Spätestens seit 2002, nachdem Deutschland zum zweiten Mal die Maastricht-Kriterien verfehlte, senden die Medien und die politische Elite schlagworthaft verdichtete, in sich häufig widersprüchliche Botschaften an die Wähler und die Konsumenten. Ihre Diagnose der deutschen Volkswirtschaft – der wichtigsten Europas – vermerkt eine sich ständig vergrößernde Lücke zwischen dem potenziellen Wachstum und dem realen, also dem Grad der Nichtausnützung von Kapazitäten, mit dramatischen Folgen: sinkende Verweildauer am Arbeitsplatz mit Tendenz zum Umschlag in eine chronische Arbeitslosigkeit; eine Erosion der öffentlichen Finanzen durch wachsende Zinsenbelastungen und sinkendes Steueraufkommen; daraus resultierende Finanzierungsprobleme des Renten- und des Gesundheitssystems, die durch das strukturelle Problem der Überalterung der Bevölkerung eine eigene Dynamik gewonnen haben. Den angebotenen Lösungen inklusive der mit ihnen verbundenen Appelle zur privaten Vorsorge ist eines gemeinsam: Sie reduzieren den finanziellen Spielraum der Konsumenten spürbar. Das gilt für innerbetriebliche Sparprogramme ebenso wie für staatliche Sparpakete von der Einstellung von Subventionen im kulturellen Bereich und in der Eigenheimförderung, bis zu dramatischen Maßnahmen wie der Kürzung von Arbeitslosenunterstützungen und Sozialhilfen sowie von Reformen des Renten- und Gesundheitswesens.

Zu diesem neuen Ton im öffentlichen Diskurs gehört es, dass Diskussionsbeiträge, die vor kurzem noch belächelt worden wären, jetzt auf den Titelseiten der Zeitungen erscheinen. Angesichts des Umstandes, dass die Österreicher europaweit am frühesten in den Ruhestand treten und die öffentliche Hand im Jahre 2001 einer Studie des Internationalen Währungsfonds zufolge die Renten – in Österreich nennt man sie eigenartigerweise Pensionen – mit 5,5 Prozent des Sozialprodukts stützte, dass die durchschnittliche Lebenserwartung weit über die den Berechnungsgrundlagen des Pensionssystems zugrunde liegenden Annahmen gestiegen ist und dass die Zahl künftiger Beitragszahler parallel dazu geschrumpft ist, plädiert ein international angesehener Ökonom gar für eine Anhebung des Pensions-Antrittsalters auf 80 – in Worten: achtzig – Jahre: »Ein durchschnittliches Pensionsantrittsalter von 65 Jahren reicht nicht mehr aus, um den Steuerzuschuss zur Pensionsfinanzierung auf Null zurückzuführen. (…) Wir nähern uns in Österreich also mit Windeseile der absurden Unmöglichkeit, in welcher jeder Werktätige mehr als sein ganzes Einkommen aufwenden müsste, nur um die Pensionssüchtigen in ihrem Müßiggang zu erhalten.«[90]

Die notorische Klage über die Unvermittelbarkeit älterer Arbeitnehmer weist der zitierte Erich Streissler mit folgendem Argument zurück: Die Älteren seien wohl selber schuld an dieser Misere, sie seien unflexibel, denn es sei dem Lebenszyklus nun einmal inhärent, ab dem fünfundfünfzigsten Lebensjahr in eine schlechter bezahlte Tätigkeit zu wechseln – das laufe schließlich parallel zum Sinken der Leistungsfähigkeit, und das etablierte Lohnsystem mit seinem wachsenden Einkommen im Alter missachte eine naturgemäße Selbstverständlichkeit.

Das ist eine extreme Position, doch der Umstand, dass sie salonfähig ist, zeigt, wie verbreitet pessimistische Beurteilungen der wirtschaftlichen und damit der privaten Zukunft bereits sind. Gewiss, *Arbeit für Alle* verspricht das Buch des kürzlich entlassenen Leiters der deutschen Bundesanstalt für Arbeit, Florian Gerster, und sein Wirtschaftsminister Wolfgang Clement hält das Ziel der Vollbeschäftigung bis 2010 für »erreichbar«. Doch das ist – zunächst einmal – ein nicht so naher Zeitpunkt, und der Clementsche Begriff der Vollbeschäftigung meint wohl nur, dass die heute offen oder verdeckt Arbeitslosen dann ins Sozialversicherungssystem integriert sein werden. Ansonsten bezieht er sich auf eine »neue Arbeitswelt« mit einer Dominanz von befristeten, subventionierten Jobs und einer ständigen Zunahme des Niedriglohnsektors, der geringe Anwartschaften für die Zukunft schafft.

Ralf Dahrendorf hält solchen Erwartungen einen anders begründeten Pessimismus entgegen: »Die Wissensgesellschaft erweist sich als eine Gesellschaft des bewussten Ausschlusses vieler aus der modernen Arbeitswelt.« Trotz der nüchternen Formulierung enthält dieser Satz eine innere Dramatik und zerstört viele Erwartungen, die einst mit dem Erwerb von Qualifikationen verbunden waren: Wissen ist nur mehr die Voraussetzung, sich überhaupt am Arbeitsmarkt platzieren zu können; was früher ein garantiertes Vehikel des sozialen Aufstiegs war, wurde zu einem zur Verhinderung von Abstieg degradiert. Peter Glotz weist auf die Konsequenzen von Dahrendorfs Prognose hin: »Wir werden auf Dauer mit einer neuartig zusammengesetzten Unterklasse leben müssen, die wissensintensive Jobs entweder nicht bekommt, oder, wegen der stark verdichteten Arbeit, nicht will.« Der Artikel des Peter Glotz ist ein Anzeichen für das geänderte Problembewusstsein nicht nur der deutschen Sozialdemokratie – der mittlerweile obligate Satz »Der Rückbau des Sozialstaates (...) ist unausweichlich«, wird bei ihm durch die Erklärung untermauert, dass ein Achtel der Bevölkerung gut die Hälfte der direkten Steuern aufbringe und dass man, wenn man dieses Achtel »in die wütende Passivität treibt, den endgültigen Abstieg des Landes« besiegle.[91] Wie fern sind diese Positionen von allem, was noch vor einem Jahrzehnt als selbstverständlich gegolten hat!

»Mit der weltweiten Ausnahmestellung des ›made in Germany‹«, so Ulrich Beck, sei es vorbei.[92] Vor allem Deutschland wird nachgesagt, dass es in zahlreichen relevanten Datenbereichen das Schlusslicht Europas bildet: das Pro-Kopf-Einkommen der Deutschen, das Mitte der 70er Jahre noch doppelt so hoch war wie das französische, ist heute kaum mehr höher und liegt unter dem von Großbritannien. Zahlreiche Faktoren, die lange Zeit Garant des deutschen Wirtschaftswunders waren – eine durch Kündigungsschutz und Mitbestimmung zufrieden gestellte Arbeiterklasse –, erweisen sich in Zeiten der Globalisierung als kostenintensive Jobkiller: So schlecht es der deutschen Wirtschaft geht, so gut geht es den großen deutschen Unternehmen. Sie haben seit 1990 etwa drei Millionen Arbeitsplätze geschaffen – allerdings im Ausland. Der Hallenser Ökonom Rüdiger Pohl meint: »Die Leute erleben im Privatbereich nicht, dass Deutschland schon in einer Abstiegssituation ist.«[93] Tatsächlich wird den deutschen Gehältern und den österreichischen öffentlichen Pensionen nachgesagt, sie seien die höchsten der Welt;

immer noch rangieren beide Länder – bei aller Fragwürdigkeit von Rankings – in der Liste der reichsten Länder der Welt. Ob dieser Status sich halten wird, ist fraglich – er bemisst sich am Befinden der anderen Länder, denen es allerdings auch nicht sonderlich gut geht.

Die pessimistische Haltung die zukünftige wirtschaftliche Entwicklung betreffend wird durch das sich verbreitende Wissen verstärkt, dass die »fetten« Jahre vorbei sind, dass die deutsch-österreichischen Sozialsysteme in der derzeitigen wirtschaftlichen und demografischen Situation aus finanziellen Gründen das nicht zu leisten vermögen, was sie scheinbar versprochen haben – oder wo zumindest die Verantwortlichen seit Beginn der 90er Jahre den Erwartungen der Bevölkerung nicht widersprochen haben. »Wir können uns unser Zuhause nicht mehr zimmern, wie wir es hatten (...) Nein, nein, nichts wird wieder so wie früher.« – so Wolfgang Clement.[94]

Ein neues Verständnis der »Sozialversicherung« setzt sich durch: Es handelt sich dabei nicht um eine klassische Versicherung, denn eine solche wäre durch einen Vertrag begründet und würde über Rücklagen und ein mathematisch abgesichertes Modell der Finanzierbarkeit verfügen. Das Wort »Beiträge« täuscht – was wir »Sozialversicherung« nennen, ist einfach eine gesetzlich abgesicherte Verpflichtung, einen Teil des Einkommens an die Staatskassen abzuführen, und die zukünftige Gegenleistung hängt von einer Unzahl unübersehbarer Faktoren aus Politik, Wirtschaft und Demografie ab. Die Botschaften des neuen Pessimismus sind massenmedial verbreitet, sie werden gehört, machen Angst und haben auch ein narzisstisch kränkendes Potenzial, weil sie eine als sozial richtig und gerecht eingeschätze Politik, für die sich viele Menschen engagierten, als Ursache der heutigen Missstände benennen. Vor allem findet der neue Pessimismus seinen Niederschlag im Konsumverhalten der Bevölkerung. Milton Friedman, dessen monetaristische Geldpolitik ihren Siegeszug in den 70er Jahren begann, hat von Anfang an klargestellt, dass der »wilde Konsumismus« nur auf

Grund der Sicherheit und Vorhersehbarkeit der Lohnarbeitsverhältnisse möglich sei.

Das neue Misstrauen

Gerade der hohe Überzeugungsgrad der Delegation von Ansprüchen an den Staat hatte zur Folge, dass die Erörterung des drohenden Abschwungs in beiden Ländern im letzten Jahrzehnt einem nahezu gewalttätig durchgesetzten Diskussionsverbot unterlag. Das bloße Ansprechen mancher Themen – der Frühpensionierung, des Missbrauchs des Arbeitslosen- oder des Asylrechts mit seinen Implikationen für die öffentlichen Kassen, kurz der Umstand, dass zahlreiche Gaben des Sozialstaates stärker einen cleveren Bevölkerungsteil beglücken, der mit den Spielregeln umgehen kann, als jene, die ihrer tatsächlich bedürfen – war einfach »politisch unkorrekt«. Wenn Menschen mit einer schmerzhaften und kränkenden Wahrheit konfrontiert werden, dann wählen sie gerne den bequemen Ausweg der Suche nach einem Schuldigen. Wahrscheinlich ist diese Schuld weit gestreut, möglicherweise hat die gesamte Gesellschaft unverantwortlich gehandelt. Politiker bieten sich als ideale Sündenböcke an. Sie haben – im Gegensatz zum biblischen Joseph, dem ersten Theoretiker des Krisenzyklus, der gleichzeitig als Finanzpolitiker Gelegenheit hatte, seine intuitiven Erkenntnisse am Hof des Pharaos in die Wirklichkeit umzusetzen – keine »vollen Speicher« hinterlassen, sondern uns im Gegenteil mehr oder minder schwer verschuldet in die »mageren« Jahre geführt.

Die Nachrichtenmagazine quellen über von Registern gebrochener Versprechungen von Politikern, die sie selbst seinerzeit gerne kolportiert haben und die von den Wählern an der Urne honoriert wurden. Das beginnt mit Helmuth Kohls dröhnendem Statement nach der Wiedervereinigung, »Wenn ich sage, wir machen keine Steuererhöhung, dann machen wir keine«, über Norbert Blüms »Die Rente ist sicher« bis zu dem trotzigen Plakat, mit dem Gerhard Schröder den letzten Wahlkampf bestritt: »Der Aufschwung kommt. Alles zeigt nach oben.«

Es ist eine Binsenweisheit, dass Wirtschaft auch durch psychologische Faktoren bestimmt wird – schlechte Wirtschaftsprognosen, vorgetragen von einer verantwortlichen Person, können sich verselbstständigen; man kann die Schwierigkeiten einer nationalen Wirtschaft dadurch verstärken, das man sie »schlechtredet«. Doch auch die Schönfärberei hat unangenehme Folgen. Der deutsche Finanzminister Hans Eichel hat in den Monaten vor der letzten Bundestagswahl im Sommer 2002 entgegen der Meinung seiner Spitzenbeamten, der Sachverständigen und der Presse alle Meldungen energisch dementiert, dass sein Haushalt der baldigen Nachbesserung bedürfe, was ihn vor den »Lügenausschuss« des Bundestages gebracht hat. Als Versuch der bei der Wahl unterlegenen Opposition, diese sozusagen posthum zu gewinnen, wird der Ausschuss von den Medien nicht sonderlich ernst genommen. Doch Hans Eichels argumentative Strategie vor dem Ausschuss ist im verhaltensökonomisch durchaus relevanten Bereich von wahrgenommener Verantwortung und von Vertrauen interessant.

Wenn der Finanzminister gegen jede Evidenz den Zustand der deutschen Wirtschaft rosig dargestellt und damit seiner Partei, die unter dem Verdacht mangelnder Wirtschaftskompetenz steht, geholfen hat, die Wahl zu gewinnen, dann hat er seiner Erklärung zufolge nicht »gelogen«, ja, folgen wir ihm, dann gibt es in seiner Position so etwas wie eine Lüge gar nicht. Eichel bestreitet keineswegs die Aussagen seiner Referatsleiter, die ihn schon Monate vor der Wahl mit dem realen Status der deutschen Wirtschaft konfrontiert haben, und er bestreitet auch nicht die Verkündung konträrer, also falscher Zahlen, doch sei angesichts seines Amtes dieses Verhalten eben nicht als »Betrug« zu klassifizieren. Bei Wirtschaftsdaten ginge es nicht um Fakten, ein Minister habe politische Entscheidungen zu treffen, und er – und kein anderer – entscheide über die Meinung des Hauses, entscheide darüber, wann Faktenmaterial »ausreichend« sei.[95] Der Finanzminister sei kraft seines Amtes auch als Wahlkämpfer der Realität gegenüber absolut souverän, seine Aussagen stehen jenseits der Differenzierung von wahr oder falsch, und daher könne er seine Wähler gar nicht betrügen: er definiere ja schließlich erst die Realität. Hans Eichel hat den gegen ihn erhobenen Vorwurf offensichtlich für anachronistisch gehalten, hinter seiner erfolgreichen Verteidigung liegt die Berufung auf fundamentale Tendenzen der Moderne: auf die Komplexität, auf den Umstand, dass das Medium selbst die Botschaft bedeutet, auf die absolute Präsenz des modernen Menschen im Hier und Jetzt und schließlich auf die Risikogesellschaft.

Das Staatsverständnis, das hinter dieser Argumentation steht, ist zwar ein modernes, doch es hat auch Auswirkungen auf die Lebensprinzipien der Bevölkerung. Die Vorrangstellung des Hier und Jetzt hebelt in letzter Instanz die Kategorie des langfristigen gesellschaftlichen Vertrauens aus. Wir kennen einen ähnlichen Prozess aus der schleichenden Delegitimierung der Marken. Der Finanzminister hat sich vor dem Bundestagsausschuss also keineswegs herausgeredet, sondern er hat den Abgeordneten offen das Grundprinzip der Brechtschen Stadt »Mahagonny« erläutert: »... und nichts, woran man sich halten kann.« Die »Marke« Hans Eichel hat er damit allerdings grundlegend beschädigt. Auch die Wähler leben in einem komplexen, sich ständig wandelnden Hier und Jetzt und man sollte sie nicht tadeln, wenn sie den Versprechungen von Populisten – den No-Names der Politik – trauen, die es manchmal verstehen, den Finger auf wunde Stellen im Verhalten ihrer etablierten Konkurrenz zu legen.

»... und nichts, woran man sich halten kann.« Auch der ehemalige Generaldirektor der BANK AUSTRIA CREDITANSTALT, Gerhard Randa, hat dieses Prinzip in eindrucksvoller Weise bekräftig. Das Institut hatte mit der bayerischen HYPO-VEREINSBANK fusioniert und seinen Aktionären einen Aktienumtausch angeboten. Wer zustimmte, musste erleben, dass seine Aktien in relativ kurzer Zeit den Großteil ihres Wertes verloren. Da die BANK AUSTRIA den gewinnträchtigsten Teil des in Finanznöten befindlichen Gesamtunternehmens bildet, ging sie neuerlich an die

Börse – wer Lust hatte, konnte Unternehmensanteile sozusagen zum zweiten Mal und zu einem recht hohen Kurs erwerben. Mit dem Vorwurf der Abzockerei konfrontiert, hat sich Randa, mittlerweile Vorstandesmitglied der HYPO-VEREINSBANK, so verteidigt: Wer dem Umtausch zustimmte und am Höhepunkt der Kursentwicklung oder später, als das Papier begann, unaufhaltsam an Wert zu verlieren, die Aktie nicht verkauft habe, der habe »eine Anlageentscheidung getroffen und müsse jetzt noch Geduld haben.«[96]

Aus der Logik des Bankers mag dieser Satz zutreffen, er enthält aber gleichzeitig auch eine wichtige Botschaft: Das Gefühl, Aktien einer etablierten Großbank zu besitzen, das Gefühl, eine stabile und auf einen langen Zeitraum valide Anlage getätigt zu haben, ist selbst aus der Sicht der Funktionäre dieser Bank unzeitgemäß. Die Idee von Vertrauen in ein bekanntes Unternehmen steht im Widerspruch zur Idee der absoluten und keinen Moment dispensierbaren Selbstverantwortung. Auch diese Position entspricht der Moderne und der sie leitenden Idee von der absoluten Präsenz im Augenblick: Wer heute Aktien kauft, benötigt die professionelle Wachsamkeit des Spekulanten, sonst begeht er einen Fehler, den ihm sogar das Unternehmen, in das er investiert hat, vorwerfen wird. Das ist eine Botschaft vor allem an Kleinanleger, denen man die Idee einer »Volksaktie« schmackhaft zu machen versucht: Sie verfügen nicht über die notwendige mentale Disposition, ihr Geld an der Börse zu investieren und sollten daher auf andere, sicherere – so es sie gibt – Anlageformen zurückgreifen. Gleichzeitig hat Randas Statement ein kommunikatives Double-Bind begründet: Regelmäßig vernehmen wir die Klagen von Unternehmen über jene, welche die von Randa angesprochene Eigenverantwortung wahrnehmen. Die gescholtenen Trittbrett-Fahrer, die einen Kursanstieg benützen, um sich von ihren Papieren zu trennen, handeln realistisch; dass sie den Kapitalmarkt unsicher machen und gelegentlich Unternehmen ins Trubeln bringen können, gehört gewissermaßen zum System. Wenn also ein Industriemanager wie etwa der TELEKOM AUSTRIA Chef Heinz Sundt von dem Ziel einer »stabilen Aktionärsstruktur«[97] schwärmt, dann rät er – nach Suspendierung der Institution Vertrauen – seinen potenziellen Aktionären zu einem selbstschädigenden Verhalten.

Angstsparen

Angst vor der wirtschaftlichen Entwicklung, die narzisstische Kränkung über einen verlorenen Status und die Botschaft der politischen und wirtschaftlichen Elite – vertraut uns nicht mehr, wir handeln nach unseren eigenen Spielregeln – sind heute zu entscheidenden Determinanten des Konsumverhaltens geworden. Die wirtschaftlichen Katastrophen des vergangenen Jahrhunderts waren kollektive Traumata, die Erinnerung an sie wurde innerfamiliär weitergegeben, und es wurden im Prozess der Sozialisation Verhaltensweisen vermittelt, die im Krisenfall das Verhalten eines Kollektivs mitbestimmen. Das deutsch-österreichische Trauma waren die Inflation und die Entwertung von Geld und Wertpapieren nach den beiden Weltkriegsniederlagen. In den USA gilt die Deflation als das große Schreckerlebnis der Amerikaner in diesem Jahrhundert. In einer Krisensituation plädiert der gute deutsch-österreichische Politiker für das Sparen, der gute amerikanische Präsident für das Ausgeben in Form von Konsum und Investition. In beiden Fällen zeigt sich, dass Generationen eher dazu tendieren, die Fehler ihrer Vorgänger zu vermeiden, als Lösungen für ihre spezifischen eigenen Probleme zu finden. Das riesige Leistungsbilanzdefizit der USA – jene gigantische Finanzlücke zwischen dem Verbrauch und dem, was die nationale Volkswirtschaft erwirtschaftet – wird durch Pump geschlossen, das stellt letztlich einen Bedrohungsfaktor für die Weltwirtschaft dar. In Deutschland hingegen, dessen Konsumenten im Jahr 2002 ihre Ausgaben um sechs Prozent reduziert haben, wird etwas praktiziert, was die Kritiker ein massives »Angstsparen« nennen, das die Wirtschaft hemmt.

Mit dem Vorwurf des Angstsparens ist meist der Imperativ

zum Entsparen verbunden, der sich häufig an die sogenannten Alten richtet. Auch in der Sparneigung und der Vermögensverteilung interveniert jener demografische Faktor, der die Rentenkassen belastet: Die sparintensiven Altersgruppen zwischen 40 und 70 wachsen ständig, während der Bevölkerungsanteil der konsumintensiven Generationen sinkt.[98] Angesichts dieses Umstandes, ist die Konzentration der Werbung auf Menschen zwischen 14 und 49 tatsächlich ein eigenartiges Phänomen. In Österreich sind 20,7 Prozent einer Population von 8,11 Millionen 60 Jahre oder älter, 287.000 Österreicherinnen und Österreicher sind älter als 80 Jahre. Die Österreicher, die zur Generation der über 50-Jährigen zählen, verfügen über 30 Prozent mehr Einkommen als ihre jüngeren Mitbürger, und über 75 Prozent des österreichischen Vermögens, sind in der Regel schuldenfrei, Eigenheimbesitzer und steigern in bestimmten Bereichen – etwa dem Tourismus – ihren Konsum stärker als jüngere Zielgruppen.[99] Man kann der Lobbygruppe, welche die Vernachlässigung älterer Menschen durch die Werbung beklagt, allerdings entgegenhalten, dass das gerade jene Altersgruppe ist, die in der asketischen Nachkriegszeit ihre Sozialisierung erfahren hat, dass es in ihr eine Tendenz gibt, in der derzeitigen Situation auf vertraute Verhaltensmuster zurückzugreifen, und dass ihre möglicherweise die Wirtschaft stimulierende Bereitschaft zum Entsparen gering ist.

Doch ist das diffamierende und in sich interessengeladene Wort vom »Angstsparen« wirklich gerechtfertigt? Ein amerikanischer Wirtschaftsberater hat einmal in Bezug auf Deutschland gefragt, wie ein Land einen industriellen Aufschwung schaffen könne, wenn seine Bevölkerung beim Duschen sich erst nass macht und dann während des Einseifens das Wasser abdreht. Sparen, verstanden als Reduktion des Ausgabevolumens für den privaten Konsum, ist sicherlich keine adäquate kollektive Strategie, um eine schwächelnde Ökonomie anzukurbeln. Ulrich Beck relativiert allerdings die dem Wort »Angstsparen« innewohnende Überzeugungskraft: »An die Stelle von Verheißungen sind Angstszenarien getreten – auch weil wir wissen: Es gibt einen Zwang zum Weniger.«[100] Die Sparer reagieren auf kollektive Vorstellungen über die zukünftige wirtschaftliche und gesellschaftliche Entwicklung – und zwar in unserem Sprachraum unter den gegebenen soziokulturellen Voraussetzungen und unter der Voraussetzung der Ausschaltung von Vertrauen. Solche Voraussetzungen lassen uns – wenn wir Norbert Elias glauben – weniger Wahl, als wir zu haben meinen. Die Moderne – Elias behandelt das am Beispiel des gefährlichen Straßenverkehrs – erfordert »eine beständige Selbstüberwachung, eine höchst differenzierte Selbstregelung«, in ihr herrscht ein gesellschaftlicher Zwang zum differenzierten, gleichmäßigen und stabilen Selbstzwang, »eine Ordnung, die zwingender und stärker ist, als Wille und Vernunft der einzelnen Menschen, die sie bilden«[101]. Sparen ist Bestandteil dieser Selbstregulierung, und zwar wahrscheinlich der einfachste; Sparen reagiert aber auch auf eine immer unverständlicher werdende wirtschaftliche Konstellation, in welcher der Konsument das subjektive Gefühl eines permanenten Anstiegs von Steuern und Abgaben hat und gleichzeitig über ständig anwachsende Defizite bei den derzeitigen und den prognostizierten Steuern lesen muss. Die Ausgabenseite im Konsum ist ein Bereich, in dem das Individuum trotz der generellen Unübersichtlichkeit der Lage selbstbestimmt tätig werden kann. Wachstum ist schwer erreichbar, vor allem für Private sind Investitionen eine minoritäre Angelegenheit, doch wer spart, hat das Gefühl, eigenverantwortlich etwas getan zu haben, was seine wirtschaftliche Situation verbessert.

Einen anderen interessanten Aspekt des Sparens hat der amerikanische Soziologe und Kommunitarist Amitai Etzioni hervorgehoben: Wer nicht spart, lebt für den Augenblick und überlässt anderen oder dem Staat die Sorge um seine Zukunft. Wer spart, erfreue sich auch am potenziellen Konsum seiner Kinder, da sie sein Leben über mehrere Generationen ausdehnen. Das gilt vor allem für heutige Eltern, die wissen, dass es ihren Kindern wahrscheinlich materiell schlechter gehen wird als ihnen. Etzioni wirft der amerikanischen Gesellschaft in ihrer Gesamtheit vor, sie hätte nach dem Depressionserlebnis das Sparen aus einer Kultur in ein Laster verwandelt.[102]

Ist Sparen »rechts« oder »links«?

Es ist also nicht zufällig, dass die Sparappelle von allen Seiten auf die potenziell oder aktuell Betroffenen einprasseln. Wer etwa eine so lobenswerte Einrichtung wie die evangelische Lebensberatung im Berliner Dom besucht, erlebt dort – so berichtet eine Beraterin – folgendes Szenario: »Wir gucken dann auch: Wie kann ich meine hohen Lebenserwartungen herunterschrauben? Wie kann ich jeden Tag so leben, dass mir abends etwas einfällt, was mir gut gefallen hat? Es geht auch um eine Wahrnehmungsveränderung.«[103] Auch hier wird ein Thema sichtbar, das uns schon beschäftigt hat: Wenn die Möglichkeiten zum Konsum sich verringern, dann bietet sich der Gesellschaft eine allgemeine, profane Version von Erich Fromms »Seinsmodus« als kostengünstige Alternative an.

Doch wer ist das Subjekt dieser Selbstregulierung durch Sparen? Der vielgescholtene Neoliberalismus plädiert für einen schlanken – »geizigen« – Staat und zwar nicht nur im Sozialbereich, sondern auch bei seinen Versuchen, die Konjunktur anzukurbeln: »Konjunkturprogramme auf Pump sind nichts anderes als die Steuern von Morgen.«[104] Dass das öffentliche Sparen zuerst in Margaret Thatchers Großbritannien praktiziert wurde, hat ihm das Image von »rechts« eingetragen. Tatsächlich sind in England die Strukturprobleme des »sozialdemokratischen Jahrhunderts« erstmalig in Europa aufgetreten und das hat die Koalition zwischen einer vorgeblich neuen ökonomischen Doktrin und einer aufsteigenden konservativen Politikerin begünstigt. Der schwedische Ministerpräsident Göran Persson hingegen hält staatliches Sparen dennoch für »links« und erklärt seinem deutschen Publikum: »Ein Aspekt Ihrer Ökonomie ist erschreckend. Fast alle Staatsausgaben fließen in den passiven Konsum. Die Mittel müssen umgeschichtet werden, damit sie wieder aktivierend wirken – gerade für die Arbeitslosen. (...) Wenn Sie den Sozialstaat erhalten wollen, müssen Sie die öffentlichen Finanzen ausgleichen oder besser noch einen Überschuss erwirtschaften. Und wenn das Wachstum dafür nicht da ist, müssen Sie eben an die Ausgabenseite heran.«[105]

Persson artikuliert eine zwingende Vernunft, die aber in der europäischen Linken keineswegs unbestritten ist. Franz Müntefering hat in seiner Funktion als Fraktionsführer der deutschen Sozialdemokratie in der Frage der Sparverpflichtung ein klares Wort gesprochen, das diese Verpflichtung den Bürgern auferlegt und sie auffordert, ihren privaten Konsum zu Gunsten der öffentlichen Hand einzuschränken: »Was wir machen ist wichtig. Weniger für den privaten Konsum, dafür das Geld dem Staat geben, damit Bund, Länder und Gemeinden ihre Aufgaben erfüllen können. Dazu muss man sich auch bekennen.« *Geiz ist links!* Die Bedeutung dieses Satzes in der Konsumdebatte kann gar nicht hoch genug eingeschätzt werden. Das sprachlich brutal formulierte Statement bedarf keiner komplizierten Hermeneutik. Der erste Satz dekretiert eine außer Streit stehende Wichtigkeit, eine Glaubenswahrheit, über die man nicht zu reden braucht. Der religiöse Charakter wird verstärkt durch den Imperativ des Schlusssatzes, sich zu bekennen. Vor allem enthält der Satz eine Generalermächtigung – das angesprochene »Was« wird nicht beschrieben, sondern vorausgesetzt; der Gedanke, dass mit einem »Was« auch ein »Wie« verbunden ist, über das man durchaus geteilter Meinung sein kann, wird unterdrückt. Anthony Giddens, der zeitweilige Berater Tony Blairs, hat auf einer Gewerkschaftstagung gesagt: »Der Wohlfahrtsstaat ist nicht einfach die Antwort auf Not und soziale Ungerechtigkeit, sondern zum Teil auch ihre Ursache.« Die Position des Theoretikers eines »Dritten Weges« ist keine vereinzelte, es gibt die durchaus verbreitete Meinung, dass das ominöse »Wir« Münteferings nicht optimal wirtschaftet, doch diese Meinung wird demagogisch ausgegrenzt. Das »Wir« ist also der zentrale Teil des ersten Satzes, doch für wen steht es? Müntefering, der aus einer partikularen Position spricht, ernennt offensichtlich sein Kollektiv zur entscheidenden und unanfechtbaren Instanz. So durchzieht dieses kleine Statement ein antidemokratisches und autoritäres Element.

Der zweite Satz hebt mit einem an die Untertanen gerichteten Imperativ im Kommandostil an: »Weniger für den privaten Konsum« – das ist zunächst einmal ein schwerer Eingriff in die Lebenssphäre der Bevölkerung, dessen Begründung in der im ersten Satz behaupteten »Wichtigkeit« liegt. Das zweite spezifizierende Kommando, »dafür das Geld dem Staat geben«, imaginiert eine strenge Trennung zwischen privatem Konsum und Staat, die volkswirtschaftlich gesehen nicht existiert. Der private Konsum ist etwas, bei dem der Staat mitschneidet, er stimuliert die Ökonomie, wovon wieder die Gesamtwirtschaft und auch der Staat profitieren. Diese Ökonomie ist für Müntefering uninteressant, es geht ihm um die »Aufgaben des Staates« und seiner Organe. Aber diese nicht näher bestimmten Aufgaben haben einiges mit dem privaten Konsum zu tun – so fließen etwa ein guter Teil der Notstandsunterstützungen oder des Arbeitslosengeldes in den privaten Konsum. Nur auf den ersten Blick handelt es sich also um einen antikonsumistischen Imperativ, tatsächlich artikuliert sich hier der Versuch, das Machtmonopol einer ideologischen Gruppe zu bewahren, deren Legitimität bestritten ist und die gleichzeitig eine Umverteilung innerhalb des privaten Konsums anvisiert.

Sicher kann man Münteferings Statement im Kontext einer traditionellen christlichen Wirtschaftsethik sehen: Man soll mit den Bedürftigen teilen. Aber hier gibt es einen grundlegenden Unterschied: Der Christ, der teilt, wie das der heilige Martin mit seinem Mantel getan hat, setzt einen souveränen, freiwilligen Akt, für den er einmal belohnt werden wird, auch wenn dieser Lohn nicht das unmittelbare Ziel seiner Handlung ist. Das Drehen der Steuerschraube, das Müntefering androht und mit dem er den privaten Konsum einschränken will, setzt die Bevölkerung unter Zwang. Sie sind nicht mehr großzügig gebende, gute Menschen, sondern gehorsame Staatsbürger, die gezwungenermaßen einer anonymen Instanz unkontrolliert Gelder übereignen. Kein himmlischer Lohn wartet auf sie, nur ein Strafverfahren, wenn sie ihren Steuerwiderstand allzu weit treiben. Müntefering schaltet auch eine wirtschaftliche Triebkraft aus, die – so Max Weber – »gewaltige Macht der mit Vernunft gepaarten Begierde«.

Franz Müntefering ist nur ein Name, dessen Träger sich seit einiger Zeit aus Gründen der Parteiräson oder aufgrund neuer Einsichten als Modernisierer versteht, und mittlerweile die Steigerung des privaten Konsums via Steuerreform für ein Mittel der Konjunkturbelebung hält. Gerhard Schröder überraschte in seiner Neujahrsansprache das deutsche Publikum mit der Aufforderung, mehr zu konsumieren, und *mit* Münteferings Designation zum Vorsitzender der SPD ist auch die zitierte Erklärung aus dem Netz versschwunden. Dennoch ist sie repräsentativ, denn Franz Müntefering hat in ihr eine gesellschaftlich und politisch tief verankerte Mentalität zum Ausdruck gebracht.

Münteferings Kommando zielt nicht auf die legendären großen Konzerne, die aber vor allem im Zeitalter der Globalisierung längst als Weltmeister der Steuervermeidung gelten. Unternehmen sparen ebenso, sie rationalisieren, kürzen innerbetriebliche Sozialprogramme, stellen auf Zeitarbeit um, zahlen unter Tarifvertrag, unterlassen Investitionen und verlagern ihre Produktionsstätten. Nicht einmal Müntefering erwartet, dass sie das dabei ersparte Geld dem Staat geben. Sein Imperativ zielt auf jene Bevölkerungsgruppe, für die Peter Glotz den Neologismus »produktivistischer Teil der Gesellschaft« geprägt hat.

Es sind die Empfänger der Botschaft, die ihren Inhalt bestimmen, und die hören folgendes: Lass ab von deinen Mühen, das Haben, mit dem man dich bisher für deine Leistung belohnt hat, wird dir von nun an staatlich verboten. Mach deine Arbeit, wenn sie dir Spaß macht. – Wenn derart die Arbeitsfreude zum zentralen Arbeitsmotiv ernannt wird, dann ist es nur konsequent, wenn jene, die der biblischen Auffassung anhängen, dass jeder Arbeit auch ein Element von Fluch eignet, sie einfach unterlassen.

Münteferings Ausspruch erweist sich als ausgesprochen vielschichtig. Jene für Max Weber so wichtige Relation zwischen der protestantischen Ethik und dem Geist des Kapitalismus wird außer Kraft gesetzt: Das Tragen jener Zeichen der Berufung, die den Erfolg und damit die eigene Auserwähltheit dokumentieren, wird gewissermaßen behördlich verboten. Überraschender noch ist eine andere Konsequenz von Münteferings Statement: Es stärkt den Fromm'schen »Seinsmodus«. Wenn der Staat das »Haben« als Lohn der Arbeit verbietet, dann stärkt er jene Tendenz, die auf Lebensqualität setzt. Das ist auch eine Art von Egoismus, doch nicht jener Egoismus des Konsumierens, den Müntefering verbietet. Was hier bei den »produktivistischen Schichten« gefördert wird, ist der Egoismus des Nichtstuns, weil sowieso nichts mehr übrig bleibt – jener Egoismus, der bei den Arbeitslosen und Sozialhilfeempfängern getadelt wird, die sich weigern, in niedrig dotierte Jobs umzusteigen. Wer einmal festgestellt hat, dass seine Tätigkeit nicht nennenswert mehr einbringt als der »schwarz« ausgezahlte Stundenlohn der Putzfrau, der sagt leicht den Satz: »Den Job kann ich mir nicht leisten« – und geht mit den Kindern spazieren. Die Passivität, von der Peter Glotz spricht, muss nicht »wütend« sein, sondern kann auch eine lustvolle Komponente haben.

Das Schreckgespenst der Deflation

Welche Position auch immer man in dem Verteilungskampf einnimmt, ob »rechts« der Staat oder »links« die Privaten sparen sollen: beide Positionen ignorieren in ihrer zugespitzten Form die Verzahnung von öffentlichen und privaten Ausgaben. Spart der Staat, sinkt der private Konsum; reduziert der Staat private Konsummöglichkeiten durch Steuern und Senkungen im Sozial- und Rentenbereich, lukriert er langfristig geringere Steuern. Wahrscheinlich kann man sich aus der Krise nicht heraussparen, so sehr die historischen Erfahrungen auch dazu einzuladen scheinen. Das ändert nichts daran, dass auf beiden Seiten – auf der des Staates wie auf jener der Privaten – die Sparneigung wächst. Die Angst vor Arbeitsplatzverlust und Pensionsreform wirkt als Sparmotor und damit als Konsumkiller, die Neigung, sich zu verschulden oder gar zu investieren, sinkt.

Als das offensichtlich wurde, hatte das böse Wort von der Deflation auf einmal Konjunktur. Der internationale Währungsfond hatte Deutschland (gemeinsam mit Hongkong, Japan und Taiwan) ein hohes Deflationsrisiko attestiert – das österreichische galt als niedrig. Doch es ist sehr schwer, sich eine regionale Deflation in einer Währungsunion, wie sie um den Euro existiert, vorzustellen. Irland, Portugal und Griechenland haben ihrem harmonisierten Verbraucherpreisindex zufolge immer noch jene von manchen Ökonomen für »gesund« gehaltene Inflation von mehr als drei Prozent, der durchschnittliche Inflationswert in der Euro-Zone betrug im Mai 2003 1,9 Prozent, in Österreich lag er bei 0,9 und in Deutschland bei 0,6 Prozent.

Eine Deflation beginnt für die Konsumenten zunächst scheinbar ganz angenehm: Entgegen den jahrzehntelangen Erfahrungen, dass die Preise ständig leicht steigen, sinken sie jetzt. Doch Vorsicht: In den USA sank zwischen 1929 und 1933 das Preisniveau um 24 Prozent, doch parallel dazu sank die Wirtschaftsleistung um nahezu 40 Prozent. Die sinkenden Preise reduzieren auch die Unternehmensgewinne, begünstigen die Verlagerung von Produktionsstandorten in Niedriglohnländer oder machen die Produkte aus solchen Ländern attraktiv, zumal wenn sie – wie China – eine unterbewertete Währung haben. Die Konsumenten erhalten kaum Zinsen, doch gleichzeitig lohnt es sich, einen Kauf aufzuschieben: das ins Visier genommene Stück wird ohnedies in immer kürzeren Abständen billiger. So beginnt das Volkseinkommen zu sinken. Wie bei einer Inflation wird auch hier umverteilt: Bei der Inflation profitiert der Schuldner, weil seine Schulden numerisch gleich bleiben, wertmäßig aber immer kleiner werden – bis hin zum Millionenbetrag, der sich in das Porto für einen Inlandsbrief auflöst. Bei der Deflation läuft die Umverteilung in die andere Richtung: Schulden, die gestern noch – vereinfachend formuliert – den Wert von 100 Einheiten hatten, sind aufgrund des sinkenden Warenpreises auf einmal 110 bis 120 Einheiten wert. Die höhere Werthaltigkeit der Schulden erschwert ihre Rückzahlung, verringert die Neigung der Unternehmer zu investieren; gepaart mit der Minderung ihres Profits, provoziert die Deflation Pleiten und Bankrotte, die wiederum Löcher in die Bankbilanzen reißen und die Banken zu einer vorsichtigen Kreditpolitik veranlassen, was zunächst investitionsfeindlich und gleichzeitig ihrem eigenen Geschäft abträglich ist. Irgendwann reduziert sich das Steueraufkommen dramatisch und im schlimmsten Fall bricht das Finanzsystem zusammen.

Im Augenblick dominieren die Vertreter einer neuen Reformgesinnung den öffentlichen Diskurs – 2004/2005 würde der bereits mehrmals prognostizierte Aufschwung endlich eintreten. Die Spekulation, was eine Deflation für die Menschen bedeutet, bleibt legitim. Aufgrund unserer historischen Erfahrungen sind wir außerstande, sie anders zu denken denn als Gegenbild zur Inflation. In jeder Kulturgeschichte der wilden 20er Jahre gibt es den Hinweis auf die Inflationsmentalität; jenes Gefühl, dass das Geld nichts mehr wert sei – im Spätherbst 1923 überschritt der Wert eines US-Dollars die Grenze von einer Billion Mark –, wird neben der Niederlage in einem Weltkrieg und dem Verlust des Großmachtstatus mitverantwortlich gemacht für den Zerfall der Werte. Tatsächlich produziert es eine eigenartige Mentalität, wenn man Geldscheine mit riesigen Werten in der Brieftasche trägt, die aber einen geringen Warenwert haben, der zudem buchstäblich in Stunden sinkt und dazu einlädt, das Geld möglichst schnell loszuwerden. Natürlich gab es in jeder Inflation für Privilegierte Gegenstrategien: Ich erinnere mich an den Flur einer polnischen Universitätsprofessorin, der während der postkommunistischen Inflation mit Kühlschränken vollgerammelt war wie das Lager eines Elektrogroßhändlers. Die Kollegin, die »Beziehungen« hatte, war während der Inflation in »Sachwerte geflüchtet«; die Eisschränke wurden in der stabilen inoffiziellen Währung, dem Dollar, abgerechnet und im Monatszyklus im Bekanntenkreis verkauft. Doch was geschieht – rein spekulativ – in einer Gesellschaft, in der die Waren immer billiger und gleichzeitig das Geld immer knapper wird? Zunächst, am Anfang der Deflation, rentiert sich Zurückhaltung, was aber gleichzeitig bedeutet, dass das Wirtschaftswachstum zurückgeht und die Profite der Unternehmen sinken. Dann könnte entspart werden. Doch was geschieht, wenn auf einmal eine immer größere Anzahl von Gütern für eine immer größere Anzahl von Menschen unerschwinglich wird? Wohin wendet sich dann die Gier nach Gütern?

5. Das Sonderangebot als Lebensform

Die Rückseite des Kassenzettels einer bestimmten Handelskette, der genau ausweist, wie viel sich der Konsument durch Sonderangebote erspart hat, zieren die fett gedruckten Worte »Sparen wo's geht«. »Geiz ist geil« versichert eine Ladenkette und unterstreicht ihre Sympathie für die damit verbundene Mentalität durch Slogans wie »Uns ist nichts zu billig« oder »Wir billigen nur die kleinsten Preise«. Andere Ketten und Discounter lassen die Hausbriefkästen von Informationen über ihre »Superschnäppchen« überquellen, die man in verkürzter Form auch in der Boulevard-Zeitung ganzseitig lesen kann. Kataloge hängen an der Wohnungstür oder werden beim Kaffeeeinkauf der Tüte beigelegt.

Welchen Platz in der »Ökonomie der Aufmerksamkeit« haben diese von Ästheten gescholtenen Slogans? Folgen die Konsumenten diesen Aufforderungen oder ist ihre Wirkung – wie das die vulgäre Sprache mancher Slogans suggeriert – auf gewisse soziale Räume beschränkt? Sparsame Menschen und Verschwender hat es schon immer gegeben – zumindest haben sich Einzelne als solche wahrgenommen oder wurden von anderen so erlebt. Doch welchen Stellenwert hat die neue Sparsamkeit im Leben ihrer Anhänger? Ist sie nichts anderes als eine neue Variante der Kunst der Moderne, dem Absurden – dem Konsum – einen Sinn zu verleihen?[106] Ist sie nur ein Glied in der Kette der Renaissance traditioneller Tugenden wie Höflichkeit, Verlässlichkeit und Gemeinsinn – oder hat sich rund um das billige Kaufen gar eine informelle gesellschaftliche Bewegung konstituiert, die ihren Anhängern etwas dem Glück vergleichbares beschert? Diese Fragen sind schwer zu beantworten, weil sowohl die Alltagshistoriografie wie auch die Soziologie langsam arbeiten und wir wohl erst in einem Dezennium auf Studien hoffen können, die sie uns beantworten. »Über die Gesellschaft des Weniger«, so Ulrich Beck, »hat kaum jemand nachgedacht. Da muss auch die Soziologie passen.«[107]

Der exakte Zeitpunkt, an dem die einst private und belächelte Tugend der Sparsamkeit öffentlich gefeiert wurde, an dem das Sparen eine kollektive Haltung wurde, die über den schwer zu bestimmenden Kreis der wirklich Armen hinausging, und an dem sich ein eigener Slang zur Beschreibung des billigen Kaufens mit mehreren Distinktionen entwickelt hat, ist schwer zu bestimmen. War es vielleicht, als wir gezwungen wurden, unsere Autos mit merkwürdigen und schwer entfernbaren Plastikstücken zu bekleben: der Parkplatzvignette, die keinen Parkplatz garantiert, oder der Autobahnvignette, deren kleine Luftbläschen man im Stau betrachten kann? Jene Zeit, als der Befehl zum öffentlichen Sparen, die Kritik an einer angeblichen staatlichen Verschwendungsökonomie, die ehedem nur die belächelten Neoliberalen erhoben hatten, vernehmbar wurden, als selbstverständliche öffentliche Leistungen wie Müllabfuhr oder Wassergebühr plötzlich das Haushaltsbudget belasteten und die Regierung den Terminus »Sparpaket« kreierte? Was Sparpaket genannt wird, hat zwei Seiten: zum einen eine Reduktion von Leistungen der öffentlichen Hand und zum anderen eine Erhöhung der Steuern und Abgaben. Die Folgen wurden mit einem Mal für die privaten Haushaltungen spürbar: Die Bruttoeinkommen in Deutschland stiegen zwar, die realen Nettoeinkommen nach Steuern und Inflation sanken, und dieser Prozess scheint noch lange nicht zu Ende zu sein. Geht man davon aus, dass die Vorstellung ständig wachsender Konsummöglichkeiten jahrzehntelang unsere politischen Systeme legitimiert hat, dann ist »Geiz ist geil« ein Zeichen für die allmählich sinkende Legitimität der Regierungen jener Länder, in denen die neue Spargesinnung verbreitet ist.

Eine Volksgemeinschaft von Sparern entsteht

Obwohl wir den magischen Moment nicht genau bestimmen können – plötzlich hatte das, was hier billiges Einkaufen genannt wird, in der Ökonomie vieler Haushalte eine Funktionalität gewonnen, die von Faktoren wie dem Konkurrenzkampf zwischen den Handelsketten und dem der Ketten mit den Discountern verstärkt wurde. Ein guter Teil der beschriebenen Werbemaßnahmen wird seit Jahrzehnten praktiziert, doch die Akzeptanz beim Publikum begann auf einmal zu wachsen; Drucksachen, die früher sofort entsorgt wurden, finden heute interessierte Leser. Man trifft tatsächlich Menschen, die in der Lage sind, darüber Auskunft zu geben, welche Sonderangebote es demnächst bei TCHIBO geben und dass die gesuchte Druckerpatrone bei LIBRO gerade abverkauft wird.

Versucht man, die Erfahrungen aus solchen Gesprächen zu verallgemeinern, dann steigen Bilder von geradezu prämodernen Figuren auf, Bilder von männlichen oder weiblichen Haushaltsvorständen, die anhand von Prospekten ihren Einkauf planen: Montag BILLA/REWE zwei Pakete Waschpulver zum Preis von einem, Dienstag 25 Prozent auf alle Tiefkühlwaren bei ZIELPUNKT, Donnerstag den Rasenmäher bei ALDI/HOFER, (und zwar zeitig in der Früh, weil dort sind die Sachen schnell ausverkauft), Freitag die neue Jogging-Garnitur aus dem TCHIBO-Katalog. Ein Autor reüssiert bereits mit einem ALDI/HOFER-Jahresführer in Buchform unter dem Titel: *Hoferissimo*. Das Sonderangebot ist zu einer Art Lebensform geworden, es eignet ihm insofern eine gesellschaftliche Macht, als es das Zeitbudget der Konsumenten strukturiert wie einst der Hörfunk und das Fernsehen.

Erstmals sind damit die jahrzehntelangen Träume sozial engagierter Menschen, die Konsumenten würden ihre Marktmacht gezielt einsetzen, verwirklicht worden. Die Konsumenten waren zwar nicht bereit oder nicht imstande, etwa durch einen Boykott südafrikanischer Orangensäfte die Apartheid zu bezwingen, sie haben die Welt nicht gerechter gemacht, doch immerhin ist es ihnen gelungen, die Kosten ihrer Lebenshaltung zu reduzieren.

Wenn es auch nur wenige soziologische Untersuchungen zum billigen Einkauf gibt, so steht uns doch ein bequemes Auskunftsmittel über die Distinktionen innerhalb der dazugehörigen verhaltensökonomischen Mentalität zur Verfügung: ein mit einer Fülle von Schlagwörtern aufgeladener massenmedialer Diskurs. Die Slogans zielen weitgehend auf die Mittelklasse – der Konsum der tatsächlich Armen ist stumm und muss hier unberücksichtigt bleiben. Der Diskurs erlaubt es, die informelle gesellschaftliche Bewegung der Billigkäufer in Fraktionen zu unterteilen. Dies ist ein idealtypisches Verfahren, das heißt, dass es kaum einen personifizierten reinen Typus gibt, sondern dass sich in den Individuen die Verhaltensformen überschneiden, die den einzelnen Distinktionen zugeordnet werden.

Eines scheint allen gemeinsam zu sein, denen das Sonderangebot zur Lebensform geworden ist: Die Sparneigung wächst mit der Geschwindigkeit, mit welcher der eingesparte Betrag sinnlich fixiert werden kann. Die Billigkäufer wollen den Erfolg sofort sehen und sie wollen außer Zeit und Aufmerksamkeit nichts investieren. Die intensive Marktbeobachtung allein bietet zweifelsohne ein großes Sparpotenzial, dennoch limitiert sie die Bemühungen der Konsumenten und schafft ab und zu paradoxe Konstellationen: Leute, die sich freuen, wenn sie ihr Waschpulver um einen Euro billiger erstanden haben, füllen dieses in eine uralte, energieintensive Waschmaschine und belassen ihre sonstigen Elektrogeräte in der teuren Stand-By-Funktion.

Das ist die erste der unzähligen Inkonsequenzen der Sparwelle; sie hat – allen Bemühungen der Grünen zum Trotz – den Energiesektor kaum erreicht. Dass die Investition in eine neue Kühltruhe sich nach zwei Jahren auszahlt, wird von der Komplexität der Stromrechnungen verdeckt. Die energetische Sanierung eines Altbaus rentiert sich gar erst nach 15 Jahren, und so lange will – wie geil auch immer der Geiz ist – niemand warten. Generell attestieren Marktpsychologen selbst bekennenden Billigkäufern ein widersprüchliches Verhalten – das Jogurt von ALDI und die teuren Kartoffelchips von der Tankstelle dienen als griffiger Beleg für die eigenartige Mentalität der »hybriden Käufer«, deren Anteil an der Bevölkerung ständig wächst.

»Neue Bescheidenheit« versus »Fashion-Victims«

Die Begriffe, die wir im Folgenden verwenden, stammen alle aus den Medien und der Werbung – es sind eher Fremdbilder als Selbstbilder. Am ausgeprägtesten ist das Selbstbild bei den Anhängern der »neuen Bescheidenheit« und den »Fashion-Victims«, denen der lautstarke Protest gegen das selbstverschuldete Übermaß an überflüssigen Dingen gemeinsam ist. Beide Fraktionen artikulieren sich in Firmenzeitschriften, in den Blättern der Kreditkartenunternehmen und in den Lifestyle-Magazinen, in denen man ihnen gerne einen Namen und ein Gesicht gibt. Beide sind Billigkäufer, doch aus recht verschiedenen Motiven.

Bei der neuen Bescheidenheit stellt sich die Frage, ob die Motive und das daraus resultierende Konsumverhalten wirklich so neu sind. Ihre Anhänger wollen für den Konsum weniger Geld ausgeben und mehr für »Dinge, die wirklich zählen« – dazu gehört die berühmte Lebensqualität, die wir als profaniertes Derivat des Fromm'schen »Seinsmodus« kennen.

Doch wie sehen diese »Dinge, die wirklich zählen« aus? Da will einer seinen Kleiderschrank übersichtlicher machen – ein lobenswertes Projekt, doch er will sich keineswegs von überflüssigen Dingen trennen, sondern von nun an gegen das Diktat der Mode Widerstand leisten und klassische Designs kaufen, die von »hoher Qualität« sein sollen. Der Anhänger der neuen Bescheidenheit setzt auf das qualitativ hochwertige und langlebige Konsumgut. Für ihn heißt billig einzukaufen, sich dem Slogan »Kauf 3, zahl 2« zu widersetzen und das ersparte Geld in Urlaub und Selbsterfahrung zu investieren. Das heißt: unter dem Mantel der Askese haben sich Reste des alten Markendenkens mit der Dienstleistungsindustrie zu einer Koalition zusammengeschlossen – BURBERRY und AYURVEDA an Stelle von H&M.

Die Fashion-Victims nennen Druck als Motiv für die Änderung ihres Konsumverhaltens. Sie behaupten, nur mehr das Notwendigste zu kaufen, mit 1300 Euro monatlich das Auslangen zu finden, weniger zu arbeiten und die so gewonnene Zeit zu genießen. Manche sind gescheiterte Renegaten der großen Konsumwelle während der IT-Blase, die ihre Enttäuschung auch humoristisch artikulieren. Die Band *Wir Sind Helden* etwa singt auf ihrem Album *Die Reklamation*: »Ich kauf' nichts mehr, ich will mein Geld zurück.« Manche argumentieren mit dem Eifer der Neubekehrten, doch man kann auch hier ein eigenartiges Derivat des Fromm'schen »Seinsmodus« orten. Die Fashion-Victims erklären, dass es keinen Spaß mehr mache zu shoppen und dass es unvernünftig und asozial sei, allzu viel Geld auszugeben. Erstens hätte man weniger, zweitens nehme einem der Staat immer mehr weg, drittens sei der Imperativ zur Altersvorsorge unüberhörbar und viertens sei ein solches Konsumverhalten angesichts der wachsenden Anzahl von Teilzeitjobbenden im Bekanntenkreis taktlos. Die »Generation Golf« mag sich noch über Markenartikel definiert haben, doch mittlerweile ist sie nach Meinung ihres Chronisten, Florian Illies, von der »Generation Fun« zur »Generation Fear« mutiert.

Die Anhänger der neuen Bescheidenheit haben sich freiwillig für die Askese entschieden, sie schwärmen von den Navajos, die lebenslang mit 250 Dingen auskommen, während der durchschnittliche Europäer angeblich bis zu 40.000 in seinem Leben anhäuft. Sie wollen ihre Schränke überschaubar gestalten und ihr Geld »in Zukunft bewusst und vor allem gegen die Unmoral« des Marktes einsetzen.[108] Generell scheint es unter den einst konsumistischen Schichten eine Aversion gegen das Nutzlos-Teure zu geben, dem sie früher verfallen waren. Doch was heißt Nutzen: beide Gruppen, die der »Neuen Bescheidenheit« und die der Fashion-Victims, artikulieren sich allgemein und machen nur spärliche Aussagen über ihr konkretes Konsumverhalten.

Wer ist ein Smart-Shopper?

Das gilt nicht für die Mentalitäten der Smart-Shopper und die der »Geiz ist geil«-Anhänger. Die beiden Gruppen sind unterscheidbar, auch wenn sich gelegentlich ihre Verhaltensweisen ähneln und sie sich an ähnlichen sozialen Orten bewegen. Gemeinsam ist ihnen, dass sie eine Barriere gegen die den Kapitalismus bedrohende »Diogenes-Mentalität«, die Beschränkung auf das Notwendige, bilden. Askese ist ihnen fremd, die Überfüllung ihres Kleiderschrankes macht ihnen keine Sorgen – sie entsorgen getragene Textilien und gewinnen dadurch Raum für neue. Sie wollen konsumieren, doch dabei weniger Kapital einsetzen. Es bedarf keiner detektivischen Anstrengungen, die beiden Fraktionen zu identifizieren, viele von ihnen lieben es geradezu, sich zu erkennen zu geben, auch wenn sie sich nie und nimmer zu den Billigkäufern zählen. Es ist mittlerweile möglich, mit Menschen über ihr Einkaufsverhalten zu sprechen. Wer Geduld hat, wird mit ausgefeilten Einkaufsplänen, mit schlüssigen oder nicht schlüssigen Begründungen, mit individuellen und kollektiven Werthierarchien als Voraussetzung für Konsumentscheidungen und auch mit viel Heuchelei konfrontiert. Die Medien quellen über von Diskursen über die »richtige« Konsumentscheidung, und selbst in einer angesehenen Zeitung erläutert eine Kolumnistin ihre Gewissensqualen, ob sie nun einen Rock zum Reparaturschneider bringen oder sich gleich zum selben Preis einen neuen bei H&M kaufen solle.[109]

Der Versuch einer Erkenntnistheorie bezüglich der Wahrnehmung eines Gutes als billig oder teuer, die Beachtung der feinen Unterschiede, die früher parallel zum Einkommen und zur sozialen Position lief, ist heute zum Scheitern verurteilt. Das früher gerne geleugnete billige Kaufen hat zumindest die Mitte der Gesellschaft erreicht, und dort herrscht eine enorme Unübersichtlichkeit in den Begründungen von Kaufentscheidungen und ein äußerst heterogener Qualitätsbegriff. Bei Pizzas dürfe man nicht sparen, hört man auf einer Seite, aber das Shampoo aus dem Reformhaus mit seiner hohen Handelsspanne sei eine unvernünftige Anschaffung. Nein, sagt die andere Seite, Baguettes seien überall mit dem gleichen gummiartigen Käse und dem gepressten Schinken belegt, aufpassen müsse man bei Fruchtsäften, dort gebe es noch Unterschiede. Die Pluralität der Argumente zeigt, dass sie nicht rational sind – wichtig ist die Existenz eines ausgeklügelten Begründungssystems.

Solche Systeme haben auch die Heuchler. Es gibt grundsätzliche Heuchler wie jenen jungen Mann, der in einem jener Interviews, die ich mit hunderten Menschen über ihr Konsumverhalten führte, anfänglich das Gespräch völlig verweigerte. Er sei spirituell orientiert und die Welt des Konsums widere ihn prinzipiell an. Auf die Standardfrage, was er den tue, wenn zwei Pakete OMO bei BILLA zum Preis von einem verkauft würden, gab er eine triumphierende Antwort: Das hätte nichts mit ihm zu tun, allen Sonderangeboten zum Trotz sei man günstiger beraten, bei SCHLECKER die Eigenmarke zu kaufen. Die folgenden langen Erklärungen, wo man was billiger bekomme, schienen schwer mit der behaupteten Spiritualität vereinbar zu sein. Der junge Mann sah das nicht so: dadurch, dass er billig kaufe, widersetze er sich dem Konsumterror und hätte mehr Raum für die spirituelle Komponente seines Lebens. Die prinzipiellen Heuchler sind also jene, die meinen, konsumieren sei das, was die anderen tun. Dann gibt es noch jene Heuchler, die nur leugnen, mit dem billiger Kaufen etwas zu tun zu haben. Man erkennt sie daran, dass sie zwar behaupten, ihre Kaufentscheidungen seien vom Faktor der Qualität diktiert, bei Nachfrage aber das Qualitätskriterium recht nebulos handhaben. Wichtig sei etwa bei Textilien die Verwendung natürlicher Materialien – doch ein Polohemd aus Baumwolle kann von LACOSTE oder von C&A sein.

Das Aufkommen einer Bezeichnung wie Smart-Shopping signalisiert einen gesellschaftlichen Mentalitätswandel; es klingt eindeutig, ist aber diffus, und welche Verhaltensformen und welche Personengruppen damit gemeint sind, bleibt offen. Das hängt damit zusammen, dass das Verhalten der Smart-Shopper geradezu von Brüchen charakterisiert ist. Am stärksten verbreitet ist dieses Verhalten im Bereich der Grundversorgung, im Textilsektor, bei dem Warenangebot der Baumärkte, bei Benzin und Autozubehör und beim Elektro- und Hi-Fi-Bereich. Ein Bruch liegt nun darin, dass es Segmente gibt – etwa beim Tourismus, beim Hausbau oder bei der Anschaffung von größeren Einrichtungseinheiten –, in denen sich die Smart-Shopper konventionell verhalten; dem Trend zufolge sind allerdings auch hier Änderungen zu erwarten. Gemeinsam ist diesen Bereichen, dass in ihnen die Konkurrenz schwächer als in den vorhin angeführten und die Anforderung an die Produktkompetenz höher ist. Entgegen den Bekundungen der Markenindustrie ist es hier weniger der informierte Käufer, der sich auf Marken verlässt, sondern eher der verunsicherte. Gerade die Produktkompetenz hat beim neuen, billigen Einkaufsverhalten einen hohen Stellenwert und ist ein Abgrenzungsmittel zwischen den Smart-Shoppern und der »Geiz ist geil«-Fraktion. Ein anderes liegt darin, dass viele Smart-Shopper die »Geiz ist geil«-Mentalität für ordinär halten, wenn ihnen auch das Triumphgefühl über das »ein Schnäppchen schlagen« nicht fremd ist.

Dem anonymen Erfinder des Begriffspaars »smart« und »shoppen« darf man gratulieren. Ähnlich wie »cool« ist »smart« ein positiv besetzter Begriff, der auch eine Zigarette nunmehr über Jahrzehnte verkäuflich machte und heute als Name eines eigenartigen Automobils firmiert. Trotz gewisser Einschränkungen sind die Smart-Shopper von einer kulturell akzeptierten Logik her gesehen tatsächlich smart. Die Eigenschaften, die der Markt vom »homo oeconomicus« verlangt, und der Geiz sind voneinander zu unterscheiden: Jene, die bloß »billig« kaufen, sind nicht mit jener am Markt extrem gut orientierten, zwischen den sozialen Milieus stehenden Gruppe gleichzusetzen, die das beste Gut zum niedrigsten Preis einheimst. Es besteht ein gewichtiger Unterschied zwischen dem Konsumenten, der einen anonymen Kaffee kauft, und dem, der um die gleiche Summe den Markenkaffee zum halben Preis erwirbt. Das wahre Schnäppchen liegt nicht darin, einen No-Name Discman um 49 Euro zu kaufen, sondern einen SONY, der früher 79 Euro gekostet hat, um eben diese 49 Euro.

Hier liegt eine Trennlinie zwischen zwei Gruppen, die sich möglicherweise soziologisch und mentalitätsmäßig fixieren lässt: Die Smart-Shopper haben das alte Markendenken internalisiert – mit der Präferenz für die Marke imitiert die Mittelschicht die traditionelle Oberschicht und setzt gleichzeitig ihre traditionelle persönliche Beziehung zum Produkt fort. Im Zusammenspiel zwischen Konsum und Prestige verzichten die Smart-Shopper also keineswegs auf die Anerkennung und die »feinen Unterschiede« – das Steigerungsspiel der Moderne soll weitergehen, doch ihre Bereitschaft, dafür den vollen Preis zu zahlen, verringert sich von Tag zu Tag. Die Botschaft von Smart-Shopping lautet also: Du kannst sparen, ohne deinen möglicherweise absurden Konsum allzu sehr zu ändern oder gar einzuschränken – darin steckt ein großartiges Angebot, das dem Sparen seine drückende Seite nimmt. Den Marken gegenüber verhalten sich die Smart-Shopper parasitär: Sie wollen das Gut und das damit verbundene Prestige, verweigern aber die Rückzahlung jener Mittel, mit denen dieses Prestige hergestellt wurde.

Wenn sich die sogenannte neue Mittelklasse dem Smart-Shopping hingibt, dann hat sie für sich einen interessanten Kompromiss gefunden. Ein gar nicht geringer Teil von ihnen wurde im Wertesystem konsumschwächerer Schichten sozialisiert und hat sich im Verlauf des sozialen Aufstiegs an die Werte dieser neuen Mittelklasse angepasst. Man kennt die Geschichte von der erfolgreichen Marketingmanagerin, die erstaunt berichtet, dass ihre Großmutter – obwohl Mindestrentnerin – ihr einen erheblichen Geldbetrag hinterlassen hat. Der Fall ist nicht zu unterschätzen, denn diese Großmutter hat der Enkelin wohl auch Sparsamkeit anerzogen, und im Fall eines wie derzeit durchaus realistischen wirtschaftlichen Bedrohungsgefühls wird selbst die konsumorientierte Managerin sich schnell auf das alte sparsame Verhalten besinnen. Smart-Shopping gibt ihr also die Möglichkeit, das anerzogene mit dem später erworbenen Verhaltensmuster mühelos zu kombinieren.

Wenn, wie Thorstein Veblen formuliert, »ein billiger Mantel einen billigen Mann« macht, dann schafft Smart-Shopping einen dritten Weg zwischen billig und teuer: das teure Gut zum niedrigen Preis. Hier liegt aber gleichzeitig der Bereich, wo die Smart-Shopper keineswegs smart sind: in ihrer fehlenden Resistenz gegenüber absurden Ansprüchen und Bedürfnissen. Smart-Shoppen gibt dem Absurden eine Chance zur Tarnung und macht aus einem Mangel einen Vorzug. Wären die Smart-Shopper wirklich smart, dann wären sie resistenter gegen die Lockungen neuer Bedürfnisse, an die sie – via Sonderangebot – gewöhnt werden.

In einem anderen Punkt sind die Smart-Shopper in einer sie entlastenden Weise im Zeitgeist zu positionieren: wenn 500 Gramm des Qualitätskaffees zwischen 3,29 und 3,79 kosten, dieser aber in regelmäßigen Abständen als Sonderangebot zum Preis von 4,99 per Kilogramm auftaucht, dann decken sich die Smart-Shopper mit einer größeren Menge ein und ernten damit gelegentlich den Spott jener, die dem Billigkaufen gegenüber bisher resistent waren. Doch liegt hier nicht eine Analogie zum Frühbucherbonus der Deutschen Bahn oder der Preispolitik der Billig-Airlines vor? Wer spontan nach London fliegen oder mit dem Zug nach Düsseldorf fahren will, verwirrt die Logistik des Unternehmens und wird mit höherem Tarif bestraft. Gleiches geschieht dem, der spontan den Markenkaffee kauft: Er zahlt einen höheren Preis als der, der sich mit einer größeren Menge eindeckt, dem Handel die Lagerungskosten abnimmt und das Produkt sozusagen vorfinanziert; das ist – auch – eine Verhaltensform, die für beide Teile einen unleugbaren Vorteil bringt.

Wie sehr die Bewegung der Smart-Shopper die Mittelklasse erfasst hat, zeigt sich im Erfolg der Factory-Outlets: Das 1998 im burgenländischen Parndorf an der slowakischen Grenze gegründete Designer-Outlet-Center mit 75 Läden auf 17.500 Quadratmeter Verkaufsfläche wurde bis März 2003 von 6,5 Millionen Kunden besucht, der Umsatzzuwachs in den letzten beiden Geschäftsjahren beträgt acht Prozent. Hier wird verkauft, was TOMMY HILFINGER, NIKE oder VILLEROY & BOCH euphemistisch »Produktionsüberhänge und Testkollektionen« nennen. Die Ankündigung einer Sprecherin von NIKE, man wolle diese Verkaufsschiene nicht überreizen und benütze sie um ältere Ware loszuwerden, dürfte nicht der Realität entsprechen – tatsächlich wird hier auch zeitlose Ware, etwa das Oxford-Hemd von POLO RALPH LAUREN um zwei Drittel des Preises verkauft, den man in einer Wiener Einkaufsstraße dafür zahlt. Die Wiener Markenhändler, in ihrer Kalkulation belastet durch hohe Mieten, schreiben Parndorf einen Umsatzrückgang von zwei Prozent zu. Ein für die Modebranche verantwortlicher Funktionär der Wiener Wirtschaftskammer klagt: »Am meisten regt mich auf, dass dort auch schon Leute einkaufen, die Sparen gar nicht nötig hätten, anscheinend ist das ein neuer Sport.«[110]

Welche eine Fehleinschätzung! Die Auffassung, dass nur der spart, der es nötig hat, ist dem Zeitgeist gegenüber ignorant und diskriminiert den Sparer. Wer Smart-Shopping als »Sport« verniedlicht, der versucht, die protestantische Ethik außer Kraft zu setzen – es gibt eine Leistung des wachsamen Konsumenten, die Anspruch auf Belohnung erhebt. Es ist eigenartig, wenn ein Funktionär der Wirtschaftskammer, die normalerweise für marktgerechte Verhaltensweisen plädiert, derart argumentiert. Hier besteht ein ähnliches »double bind« wie rund um die Marken: Die Wirtschaft reagiert verbittert, wenn die multioptionalen Konsumenten sich marktgerecht verhalten. Die Menschen, die das Qualitätspolo um zwei Drittel des Preises kaufen, handeln so lange vernünftig, als nicht die Anreisezeit und unvernünftige Nebenkäufe ihre Kalkulation belasten.

Die diskriminierende Relation zwischen Armut und Sparen scheint unserer Kultur tief eingeschrieben zu sein: Der Leiter einer karitativen österreichischen Hilfsorganisation hat unzählige Smart-Shopper mit der anklagenden Bemerkung amüsiert, er kenne Familien, die sich weitgehend von Sonderangeboten ernährten. Der Mann hat offensichtlich keine persönlichen Einkaufserfahrungen und weiß nicht, wie viele Sonderangebote ihm seine Haushälterin vorsetzt. Denn es ist wahrlich kein Zeichen für Armut, wenn der Smart-Shopper heute neben den Elementargütern Brot und Milch im Supermarkt A den Nobelkaffee im Überkarton erwirbt und am nächsten Tag im Supermarkt B neben den Elementargütern mehrere Pakete eines Waschpulvers zum halben Preis; es ist ein wirtschaftlich vernünftiges Verhalten, zu dem ihn die Handelsketten konditioniert haben und das seine Belohnung in einer offenkundigen Weise in sich trägt.

Man kann das Sonderangebot als einen Wettkampf zwischen den Handelsketten, dem Einzelhandel und den Smart-Shoppern auffassen. Wir, so argumentiert der Handel, schenken euch zeitweilig Güter, dafür schenkt ihr uns Vertrauen und Treue. Dahinter steckt auch ein Appell an die Fairness der Konsumenten. Doch solche Appelle klingen anachronistisch in einer Zeit, in der »Vertrauen« und der damit zusammenhängende Komplex an Werten im öffentlichen Leben systematisch außer Kraft gesetzt wurden. Wer ein hochpreisiges Gut als Sonderangebot ersteht, begeht einen lustvoll-egoistischen Akt und hat nicht die Absicht, daraus eine Verpflichtung entstehen zu lassen. Das Sonderangebot kann den Konsumenten in einen Rauschzustand versetzen: »Ich gebe wenig und erhalte viel.« Es belebt Vorstellungen – und zwar legale – vom Ladendiebstahl, die keineswegs nur eine infantile Dimension haben. Wenn eine Salatgurke 99 Cent kostet und zwei 98 Cent, dann spielt der Urheber dieser Aktion bewusst mit dem Gefühl des Käufers, hier unrechtmäßig einen Irrtum zu seinen Gunsten ausgenützt zu haben.

Das führt uns auf ein eigenartiges Feld: Die Frage nach dem gerechten Preis wurde bisher meist an den Verkäufer gestellt und oft wure er angeschuldigt, »zu viel« zu verlangen. Gewisse Sonderangebote drehen diese Konstellation um. Könnte es nicht sein, dass der Käufer zu wenig bezahlt? Schon Aristoteles ging davon aus, dass der gerechte Preis die Gesellschaft stabilisiere, und ein möglichst hohes Sozialkapital gilt auch in der Moderne als eine Funktionsbedingung komplexer Gesellschaften. Francis Fukuyama definiert es »als einen Bestandteil informeller Werte und Normen, die alle Mitglieder teilen und die Kooperation zwischen den Mitgliedern der Gruppe ermöglichen. Wenn die Mitglieder der Gruppe davon ausgehen, dass die anderen sich ehrlich und verlässlich verhalten, dann werden sie einander *vertrauen.*«[111] Das Sonderangebot als Massenphänomen hat dem Preis jede berechenbare Verlässlichkeit genommen. Aus der Inflationsmentalität wissen wir: es gibt einen Zusammenhang zwischen der allgemeinen Wertestruktur der Gesellschaft und dem auf die Güter bezogenen Wert des Geldes. Mit seinen im angeführten Beispiel »unmoralischen« Implikationen fördert das Sonderangebot ein ungebremstes Anspruchsdenken und ist letztlich geeignet, das Sozialkapital weiter zu unterminieren. Der Kauf zum unrealistisch niedrigen Preis belebt bei manchen Konsumenten ein anachronistisches Anspruchsdenken. Ansprüche, zu deren Erfüllung der Staat im Augenblick außerstande ist, werden damit auf den Handel und die Industrie delegiert.

Die aus der Mittelklasse stammenden Smart-Shopper gehen davon aus, dass sie ihr traditionelles Konsumverhalten fortsetzen können und bestätigen damit die Überlegungen des Werbefachmanns David Ogilvy zur destruktiven Funktion von Sonderangeboten: diese produzieren einen allmählichen, aber irreversiblen Gewöhnungseffekt unter den Konsumenten. Ogilvy räumt ein, dass sich die Waren kaum mehr voneinander unterscheiden, doch sei es aus der Sicht vom Anbieter der falsche Weg, Geld für Verkaufsförderung und Sonderangebote auszugeben: »Preissenkungsaktionen und andere radikale Maßnahmen dieser Art finden natürlich bei den Verkaufsleitern begeisterte Zustimmung, aber sie sind in Wirklichkeit nur von kurzer Dauer. Und was noch schlimmer ist, die Hausfrau gewöhnt sich an solche Sonderangebote. (…) Dauernde Sonderangebote führen dazu, dass der Konsument das Produkt nur noch gering schätzt. Kann etwas, was dauernd zu Sonderpreisen verkauft wird, wirklich gut und erwerbenswert sein?«[112] Tatsächlich reagiert der Smart-

Shopper verärgert, wenn er ein günstig erstandenes Produkt plötzlich noch günstiger angeboten sieht – damit wird ihm genau jene Zurückhaltung bei Kaufentscheidungen nahegelegt, welche die Deflationsspirale in Gang setzt.

Auch hier findet also ein Kampf statt, in dem im Augenblick die Konsumenten eindeutig die Oberhand haben. Die Handelsketten wie auch die Produzenten sind in einer Zwickmühle: Zu einem paktierten Vorgehen, wie es die Mobilfunknetze praktizieren, indem sie den Preis für Geräte allmählich und akkordiert höher schrauben, sind sie aufgrund der Vielzahl der Player am Markt außerstande. Wer als erster mit den Sonderangeboten aufhört, verliert zumindest unter den Smart-Shoppern Marktanteile. Die Ketten hoffen, dass es in absehbarer Zeit zu einer neuen Marktaufteilung kommen wird und sie dann ihre Preise normalisieren können. Im Augenblick ist der Ausgang dieser Strategie ungewiss. Sie hat sich im Textilhandel bewährt: Konzerne wie ZARA oder H&M sind mit Kampfpreisen auf regionalen Märkten aufgetreten, haben Mitbewerber verdrängt, nach ihrer Etablierung ihre Preise kräftig gesteigert, und dennoch die neue Kundschaft weitgehend gehalten. Doch auch hier ist das Spiel offen und jeder kapitalkräftige Mitbewerber kann eine neue Runde eröffnen.

Der Discounter als Sozialreformer

Solches geschieht, seit die Discounter versuchen, die neue Mittelschicht zu erreichen – man kann das als Antwort auf den verstärkten Einsatz von Eigenmarken durch die Handelsketten interpretieren. Die bundesrepublikanische Lebensmittel-Discount-Kette PLUS (unter ihrem Logo firmiert in Österreich ZIELPUNKT) illustriert diese Zielsetzung mit einer ungewöhnlichen Inseratenkampagne, die den Smart-Shoppern neue soziale Räume erschließt. Ungewöhnlich an diesen doppelseitigen Inseraten ist zunächst, dass sie auch im *Spiegel*[113] erscheinen – einem Ort, wo Inserate von Discountern normalerweise nicht zu finden sind. Auffallend ist angesichts der sonstigen optischen Opulenz von Werbung der asketische ästhetische Minimalismus des Inserats: Mehr als die Hälfte der Doppelseite besteht aus Text, und die vier fotografischen Illustrationen verzichten weitgehend auf Perfektion. Vor allem erstaunt der manifestartige Charakter des Textes. Motto, Titel und Untertitel der Anzeige stellen Thesen auf: Das Jahr 2003 sei ein Sparjahr, es hätte noch nie »so viel für so wenig« gegeben, und der Lebensmittel-Discount hätte eine neue Einkaufskultur geprägt, die unter dem Motto »Billig allein genügt nicht« stünde. PLUS präsentiert sich als einer der drei großen Lebensmittel-Discounter Deutschlands und würdigt die Verdienste der Konkurrenz ALDI und LIDL. Wer bei einem der drei einkaufe, könne »viel Geld sparen«. PLUS sei der Konkurrenz allerdings in einem zentralen Punkt überlegen: Ein durchschnittlicher Supermarkt biete 8000 verschiedene Produkte, von denen man viele selten oder nie brauche; der durchschnittliche Discounter hingegen offeriere weniger als 1000 Güter, was wieder den Besuch im Supermarkt notwendig mache. Als Alternative bietet PLUS in seinen Läden ein Sortiment von über 1900 verschiedenen Produkten – mit dieser Ausdehnung des Discounts seien die Läden im Gegensatz zur Konkurrenz imstande, jeden Bedarf zu decken.

Die zweite Botschaft, die durch eine Abbildung illustriert wird, die sich textlich »an den aufgeklärten Verbraucher« wendet, bespricht die für einen Discounter überraschend hohe Zahl von Markenprodukten zu Markttiefpreisen – wer bei PLUS kauft, muss nicht konsequent auf die lieb gewordene Marke verzichten. Ähnlich wie BILLA/REWE mit JA! NATÜRLICH bietet PLUS zudem unter dem Namen BIOBIO ein Eigenmarkensortiment von billigen biologischen Produkten an. In beiden Fällen wird ein permanentes Schuldgefühl der Smart-Shopper behoben: Sind die billigen Waren wirklich »gesund«?

Es geht also um eine durchaus »smarte« Ausweitung des Discounter-Prinzips auf neue Gesellschaftsschichten – *Spiegel*-Leser haben eine höhere Einkommensstruktur als die Leser jener Magazine, in denen Discounter zu inserieren pflegen. Gewohnheiten der Werbung werden durch den pädagogischen Stil des Inserates aufgehoben – dem »aufgeklärten Verbraucher« wird etwas erklärt, die Parolen sind eindeutig an andere soziale Milieus adressiert sind und verzichten auf die bei Discountern obligaten Slogans von den »megacoolen Anboten«.

Ein wichtiger Unterschied in der Selbstdarstellung von Plus zu anderen Anbietern liegt darin, dass das Inserat den Umstand nicht verschweigt, dass Sparen mit einem Opfer verbunden ist; dieses Opfer wird allerdings argumentativ in einen Vorzug verwandelt. Das Opfer liegt in der Auswahl: plus mit seiner angeblichen Relation zum klassischen Supermarkt von 1900 zu 8000 angebotenen Produkten liegt zwar besser als die attackierte Konkurrenz mit ihrem angeblichen 1000 zu 8000, nimmt aber dennoch eine einschneidende Reduktion im Warenanbot vor. Das ist ein Punkt, an dem man dieses Inserat als ein sozialutopisches Manifest lesen könnte, das Prämissen der Konsumkritik aufgreift und versucht, die Welt der Marken und Sonderangebote in eine neue Richtung zu drängen. plus spricht eine Tabuzone unserer Konsumwelt an: die Erkenntnis, dass ein großer Teil des Warenanbots der Supermärkte überflüssig ist und dass der Kunde für das Übermaß des Anbots an verschiedenen Waren bezahlt und durch eine Reduktion gewinnt.

Die Warenfülle in den Regalen der Supermärkte ist ein Zeichen von Wohlstand, das sich vor allem im Kalten Krieg angesichts des dürftigen sozialistischen Warenanbots bewährt hat. Tatsächlich hat dieser die Freiheit der Wahl vortäuschende Überfluss eine paradoxe Komponente: Die wachsende Zahl der elektrischen Geschirrspüler etwa bewirkt, dass der Bedarf an Handspülmitteln rückgängig ist. Doch immer noch offerieren Supermärkte bis zu 15 verschiedene Handspülmittel, von denen die Smart-Shopper meistens jenes erwerben, das gerade im Angebot ist. Doch bekanntlich gibt es kein richtiges Leben im falschen und so smart kann keiner sein, dass er nicht den Regalraum, den Transport, die logistischen Mehrkosten der in den Regalen sinnlos herumdümpelnden anderen Spülmittel zahlt. Das ist eine wichtige Botschaft an die wahrhaft smarten Käufer und wenn sie ankommt, dann heißt das, dass immer mehr Konsumenten nicht mehr bereit sind, die Zusatzkosten der Warenwelt – ob Werbung oder das überflüssige Anbot an weitgehend identischen Gütern – zu finanzieren. In dem Inserat von PLUS spricht die »asketische Moderne« in einer zeitgemäßen Adaption, hier artikuliert sich der Widerstand der Funktionalisten gegen das überflüssige Ornament – denn das überbordende Warenanbot hat ja auch ornamentalen Charakter. Mit dem Appell an den aufgeklärten Konsumenten wird diese Reduktion mit der Kulturentwicklung verbunden, das Inserat bietet eine trivialisierte Perspektive der klassischen deutschen Geschichtsphilosophie: Mündigkeit durch Reduktion der Bedürfnisse. Die Antithese zu diesem in einem Inserat verborgenen gesellschaftlichen Reformprogramm stellt die noch zu besprechende Erlebnis-Ökonomie dar.

Wer billig kauft, kauft teuer

Die Smart-Shopper wurden bisher gut bewertet, doch kann man ihre Geschichte auf sehr verschiedene Arten erzählen und hinter ihrem positiven Selbstbild verbergen sich vielfältige dunkle Seiten. Dem Selbstbild zufolge sind sie tatsächlich smart: Elegant surfen sie auf den Wellen eines immer günstigeren Warenangebots, es gelingt ihnen das scheinbar unmögliche – Geld zu verdienen, indem sie es ausgeben. Kluge Supermärkte weisen am Ende der Rechnung den ersparten Betrag aus, Ladenketten refundieren einen Teil der jährlichen Ausgaben und fügen der Gutschrift einen großzügigen Warengutschein bei. Die dunkle Seite liegt darin, dass das Smart-Shopping zu einem Zwang werden kann, dass Kontrollverlust droht und dass letztlich gegen das ökonomische Interesse gehandelt wird.

Tatsächlich gibt es sie wieder: die an die Zeit vor der Erfindung des Kühlschrankes erinnernde, in Kleinwohnungen improvisierte Vorratskammer, die hinter Vorhängen gestapelten Waschmittelpackungen und schließlich die vollgerammelten zeitgemäßen Tiefkühltruhen. Die Beantwortung der folgenden Frage liegt außerhalb der Statistik: Wie viele überflüssige Waren werden gekauft, weil sie billig sind, wie viele Lebensmittel werden gekauft, gelagert, vergessen und überschreiten ihr Ablaufdatum? Die Smart-Shopper behaupten, dass ihnen solches nicht widerfährt, doch die Handelsketten gehen davon aus, dass die Verführungskraft des niederen Preises letztlich unwiderstehlich ist und die planende Vernunft der Konsumenten ausschaltet. Und tatsächlich: Der Konsument, der im Interesse der besseren innerfamiliären Aufteilung der Gartenarbeit die Anschaffung eines zweiten Gartengeräts im Wert von 20 Euro plant, wird, wenn das Stück um 5 Euro angeboten wird, möglicherweise zwei kaufen. Wer ist hier Sieger, wer Verlierer? Die Frage ist vorerst nicht zu beantworten, aber sie verweist auf eine wichtige Bedingung der neuen Ökonomie des billiger Kaufens: Smart-Shopping erfordert eine Selbstdisziplin, die an die in asiatischen Kampfkünsten praktizierte gemahnt. Denn die Güter beanspruchen derzeit die »Ökonomie der Aufmerksamkeit« stärker, als dies in der Blütezeit der sogenannten Konsumgesellschaft mit ihrem unbedacht-verschwenderischen Kaufgewohnheiten der Fall war. Das Sonderangebot vergrößert den Zwang zur Aufmerksamkeit noch: man muss Kataloge studieren und ist gut beraten, Preise im Kopf zu behalten, denn es gibt Angebote, die diesen Namen nicht verdienen.

Ist das zwanghaft oder vernünftig? Zumindest die Kataloge studierenden Smart-Shopper stehen beim Psychoanalytiker Karl Abraham im Verdacht der Analität: Es gebe eine anale Lust »am Rubrifizieren und Klassifizieren, am Anfertigen von Listen, von statistischen Übersichten, von Programmen und Studienplänen«[114]. Aber die Lektüre dieser Prospekte, von denen manche in den Haushalten an der Pinwand hängen, gibt als Vorbereitung des Konsumakts diesem auch eine gewisse Würde: Der Supermarkt mit seinen unkontrollierbaren optischen Reizen hat die Wahl des Konsumenten entwertet. Ob der Prospektleser, der sich am Kalender vermerkt, an welchen Tag in welchem Laden Tiefkühlkost um 25 Prozent billiger angeboten wird, eine lächerliche Figur oder eine Neubelebung eines archaischen Ideals des Hausvaters darstellt, ist eine Frage, die nur subjektiv zu entscheiden ist. Ein geradezu postmodern-spielerischer Umgang mit dem ihnen unterstellten Geiz gehört ja auch zum Selbstbild vieler Smart-Shopper.

Wenn der Smart-Shopper als Verkörperung des homo oeconomicus den durch Postwurfsendungen transparent gemachten Markt prüft, wird er zu einem disziplinierten, koordinierten Umgang mit der Zeit gezwungen, die für die Lektüre der Prospekte und die Beschaffung der Güter aufgewandt wird. Die Karikatur des Mannes, der 50 Kilometer fährt, um einige Euro zu ersparen, ist im öffentlichen Bewusstsein ebenso verankert wie die des Käufers sinnloser, aber billiger Güter. Wer so handelt, ist nicht smart, sondern im Extremfall ein Opfer seiner unkontrollierbaren Gier nach billigen Gütern. Doch das gelegentliche Fehlverhalten Einzelner kann nicht als Begründung für eine Pauschalkritik an den Smart-Shoppern herangezogen werden. Der Smart-Shopper investiert in seine Einkäufe und ist wie jedes Wirtschaftssubjekt vor der Gefahr der Fehlinvestition nicht gefeit, doch hat auch er ein Lernpotenzial. Jeder Schritt im Wirtschaftsleben kann als pathologisch denunziert werden. Durch das Smart-Shopping mit seiner komplizierten Logistik holt sich der Markt die Aufmerksamkeit zurück, die ihm lange Zeit abgesprochen wurde. Einer österreichischen Floristik-Kette wurde es gerichtlich untersagt, sich »Holland Blumen-Markt« zu nennen. Das Argument des Gerichts ist erwägenswert: Wo sich nur ein Anbieter tummelt, wo es keine Konkurrenz gibt, dort liegt kein Markt vor. In diesem Sinne sind jene Läden, die man als Supermärkte bezeichnet, keine Märkte, erst die Konkurrenz zwischen den Handelsketten, dem Einzelhandel und den Discountern hat einen Markt geschaffen, und diese Konkurrenz verlangt nun, dass man Kompetenz und Initiative entwickelt; wer sie hat, wird belohnt, wer nicht, wird bestraft.

Zur Kritik an den Smart-Shoppern

Es wird oft auf einen den Smart-Shoppern immanenten Widerspruch hingewiesen: So sparsam sie im Alltag sind, so »verschwenderisch« agieren sie im Bereich der »Experience« – vom Urlaub bis zum teuren Essen im In-Lokal. Doch Smart-Shopper sind eben keine prinzipiellen Asketen – sie treffen eine Wahl, wo sie billig kaufen, und setzen das eingesparte Kapital für den verpönten Bereich des Müßiggangs und des Genusses ein. In diesem Bereich ist das Smart-Shopping der protestantischen Ethik gegenüber destruktiv. Paradoxerweise befolgen die Smart-Shopper das zitierte harsche Kommando von Franz Müntefering: Auch sie wollen »weniger Geld für den privaten Konsum ausgeben« – ihr Ziel ist allerdings ein anderes, als das von Müntefering anvisierte, und wenn sie Geld für »Lebensqualität« ausgeben, dann stehen sie in einer Reihe mit jenen, die in profaner Weise den »Seinsmodus« des Erich Fromm zelebrieren.

In einem anderen Punkt scheint die Kritik an den Smart-Shoppern gerechtfertigt: Jene mögliche Senkung der Konsumausgaben im Ausmaß von 20 Prozent, von der manche Smart-Shopper phantasieren, wird häufig in einer Weise erreicht, welche die nationale Ökonomie schädigt. Ein nicht geringer Teil der billigen Güter stammt aus Niedriglohnländern, die Smart-Shopper verleiten die Industrie zur Verlagerung ihrer Produktionsstandorte, und die Bevorzugung dieser Güter durch das deutsche und österreichische Publikum hat ein paradoxes Element: Immer mehr Menschen halten als Glieder im Produktionsprozess eine angemessene Entlohnung und soziale Privilegien für selbstverständlich, deren Konsequenz – den Preis eines hierzulande hergestellten Gutes – sie als Konsumenten für zu teuer erachten. Der Smart-Shopper hat in gewisser Weise ein moralisches Problem mit der Globalisierung: Er strebt nach der gleichzeitigen Existenz in zwei Paradiesen, dem der höchsten Arbeitslöhne und dem der billigsten Güterpreise. Smart-Shopping begünstigt so das passive Konsumverhalten der reichen Länder.

Eine weitere kritische Anmerkung zu den Smart-Shoppern wurde bereits gestreift: Sie leben in einer Scheinwelt, kurzfristig gewinnen sie durch den von ihrem Verhalten angeheizten Konkurrenzkampf, langfristig werden sie den gewinnenden Monopolen ausgesetzt werden, die dann die Möglichkeit haben, Preise willkürlich festzusetzen. Doch warum sollen wir in einer Zeit, die den Augenblick preist, das Kurzfristige gering achten? Der Vergleich zwischen Österreich und Deutschland, wo der Verdrängungswettbewerb höher, der Anteil an Discountern größer und die »Geiz ist geil«-Mentalität stärker ausgeprägt ist, zeigt, dass die Österreicher für das gleiche Produkt beim gleichen Unternehmen häufig einen höheren Preis zahlen, der keineswegs nur durch die höhere Mehrwertsteuer erklärbar ist. Das gilt für Eigenmarken (ALDI/HOFERS LACHENDE KÖCHIN ist in Österreich um 89,7 Prozent teurer, LIDLS Allzweckreiniger W5 um 73,8%), aber auch für Marken: MEDIA MARKT verlangt von seinen deutschen Kunden 249 Euro für einen CANON S530D Drucker und von seinen österreichischen 379 Euro, SATURN verkauft den gleichen Rasierapparat von BRAUN in Deutschland um 47 Euro billiger.[115] Je stärker die Koalition aus Verdrängungswettbewerb, Rezession und »Geiz ist geil«-Mentalität ist, desto niedriger wird derzeit der Preis – das stellt, ungeachtet aller legitimen Kritik, eine unüberhörbare Botschaft an die Konsumenten dar.

Das Argument von der Kurzfristigkeit niedriger Preise und der drohenden Rache des Handels ignoriert zwei Konstellationen: Die ungeheure Dynamik der derzeitigen Märkte, in die ständig neue Anbieter drängen, und die Gefahr einer Deflation, die dem Sonderangebot seinen mittlerweile ohnehin ein wenig fragwürdigen außeralltäglichen Charakter völlig nehmen wird. Unklar ist auch, was bei den sogenannten ruinösen Handelskriegen tatsächlich zerstört wird. Vor allem sollte man nicht übersehen, dass ein derartiger »Verdrängungswettbewerb« für den Konsumenten auch eine durchaus schmeichelhafte Komponente beinhaltet – er ist es, der umworben und scheinbar beschenkt wird.

Die Smart-Shopper scheinen auch die Adressaten der Kritik von Renate Künast gewesen zu sein, in der sie die Konsumenten für den Qualitätsverfall von Lebensmitteln verantwortlich machte. Künast beklagt eine »beispiellose Abwärtsspirale bei den Preisen« und stützt sich dabei auf eine Ermittlung des Statistischen Bundesamtes: Seit 1971 ist der Anteil der privaten monatlichen Ausgaben der Deutschen an den Bundesausgaben im Inland von 19,1 Prozent auf 12,3 Prozent gesunken. Solche Zahlen kann man verhaltensökonomisch auch als Zeichen eines hohen Verunsicherungsgrad der Bevölkerung deuten. Künast setzt dem eine Norm entgegen, Qualität gebe es »nicht zum Nulltarif«, und nach ihrer Vorstellung hätte eine Mobilisierung der Verbraucher zum Kauf von Bio-Waren das Qualitätsproblem lösen sollen.[116] Doch die Smart-Shopper leben im Hier und Jetzt, und weder der Ministerin noch den Handelsketten wird es gelingen, sie zu dem zu motivieren, was jene unter fairem oder verantwortungsbewussten Verhalten verstehen. Zudem hat der Skandal um nitrofenverseuchte Bioware gezeigt: auch teure Ware kann minderwertig sein. Es gibt in Deutschland – im Unterschied zu Österreich – keine Ansätze einer ökonomisch vernünftigen Bio-Schiene: Die Betriebe kultivieren einen weltanschaulich begründeten Narzissmus, und die unprofessionelle Organisation macht selbst unansehnliche Waren nicht nachvollziehbar teuer. Es ist ein eigenartiges Erlebnis, wenn ein Reformhaus 500 Gramm eines Müslis um 4,99 Euro anbietet und für die im Regal daneben stehende Kilo-Packung 11,49 Euro verlangt, ein Erlebnis, das dann in der Erinnerung haften bleibt, wenn das Personal die Frage nach der Ursache dieser eigenartigen Preisgestaltung achselzuckend ignoriert.

Renate Künasts Unterstellung, billige Produkte seien von minderer Qualität, versucht – wie vormals die prinzipielle Konsumkritik – den Käufern ein schlechtes Gewissen einzureden. Das ist erstens keine gute Marketingstrategie und widerspricht zudem einer ständig machbaren Alltagserfahrung: »Jedem Warentest ist zu entnehmen, dass teure Produkte längst nicht immer ihren Preis wert sind; umgekehrt schneiden billige Produkte oft besonders gut ab.«[117] Wo ist die Evidenz, dass der 2½-Kilo-Sack mit knackigen Äpfeln um 1,99 Euro vom Discounter schlechter ist als das Kilogramm von aufgrund der langen Lagerzeit verschrumpelten Äpfeln aus dem Bio-Laden zum gleichen Preis? Der Bio-Laden offeriert in vielen Fällen nicht mehr als eine äußerst fragwürdige »psychologische Prämie«: das unbelegte Gefühl, eine »gute Tat« gesetzt zu haben.

Fast jeder Konsument will qualitativ hochwertige Produkte, aber ähnlich wie in dem Ausspruch des Franz Müntefering missachtet Künast die Selbstbestimmung der Konsumenten auf autoritäre Weise. Die Konsumenten haben die Wahlmöglichkeit zwischen billigen oder teuren Güter in die eigene Hand genommen und verhalten sich damit konform gegenüber den überall erschallenden Selbstverantwortungsimperativen. Nicht nur vom Standpunkt der Smart-Shopper scheint der Erwerb von Bioprodukten derzeit ökonomisch unvernünftig: unterliegt doch die Lebensmittelproduktion völlig unüberschaubaren Regeln, das Subventionssystem bewirkt, dass die »biologischen« Äpfel möglicherweise via Steuerleistung noch teurer sind, als das Preisschild ausweist. Auch darf man in diesem Zusammenhang eine »grüne« Ministerin wohl auch auf die »political correctness« ihrer Position befragen: Die europäischen Subventionen im Agrarbereich behindern die wirtschaftliche Entwicklung der armen Länder. Das gute Gewissen der Konsumenten in den Bio-Läden hat auch eine angemaßte Seite.

Was ist Geiz?

Doch nun zur Fraktion derer, denen wir unterstellen, dass sie den von der Handelskette METRO unter ihrem Chef Hans-Joachim Körber lancierten und mittlerweile weit verbreiteten Slogan »Geiz ist geil« verhaltensökonomisch internalisiert haben. Wer ist und welche Verhaltensweisen sind heutzutage überhaupt geizig? Die Urheber des Slogans »Geiz ist geil« geben uns keine Antwort auf diese Frage, aber es ist ersichtlich, dass sie eine

Umwertung intendiert haben: Vom jüdischen Glauben ausgehend, gilt der Geiz als eine schwere Sünde und eine im sozialen Umgang unangenehme Charaktereigenschaft. Der idealtypische Geizige, Molières Harpagon, ist ein schwerer Soziopath, der seine Umgebung zum Opfer seines Wahnsinns macht. Das emotionelle Klima um ihn ist bestimmt von Gefühlsangst, Unsicherheit und einer für den Plot der Komödie wichtigen, aber gleichzeitig charakteristischen Atmosphäre, wo jeder jeden zu täuschen trachtet. Sein Geiz macht Harpagon hartherzig, er hat sich selbst gegenüber seiner Umwelt auf das Geld reduziert und damit entwertet – nur als Toter hat er eine Funktion für sie, und was ihn für seine Wunschbraut anziehend macht, ist die Hoffnung auf ihr baldiges Erbe. Sein Geiz treibt seine Kinder (beinahe, den wir sind in einer Komödie) ins Unglück, ja, ohne es direkt zu wollen, würde er selbst seinen Sohn finanziell ruinieren. Harpagon lügt über seine finanzielle Situation, ist von der ständigen Angst vor dem Verlust des Geldes geplagt und missgönnt seinen Angehörigen und sich selbst jede Freude: »Wir brauchen Gerichte, von denen nicht viel gegessen wird, weil sie rasch satt machen; so was wie ein Fleischgericht mit Klößen und einer tüchtigen Portion Maronen.«[118]

Harpagon ist ein vollkommenes Beispiel von Karl Abrahams Analneurotiker, der scheinbare Verlust seines Geldes lässt ihn sein Ich verlieren: »Ich verliere den Verstand. Ich weiß nicht mehr, wo ich bin, wer ich bin und was ich tue. Ach, mein armes Geld, mein armes Geld, mein treuester Gefährte, – man hat uns getrennt! Seitdem ich dich nicht mehr habe, fehlt mir jeder Halt, jeder Trost, jede Zuversicht. Mit mir ists aus, was soll ich noch auf der Welt? Ich kann ohne dich nicht leben.«[119]

Welcher Konfession auch immer er angehören mag – Harpagon illustriert trefflich die Webersche protestantische Ethik. Als Feind des Genusses ist er ruhelos tätig; sein Geld liebt er nicht, um es für den Müßiggang zu nützen, sondern damit es (und er) arbeitet. Er ist sicher ein pathologischer Fall, doch hat er beispielsweise in den legendären asketischen Pionieren des amerikanischen

Kapitalismus bis hinauf zu Walt Disneys fiktivem Dagobert Duck zahlreiche Wiedergänger gefunden.

Das Wort geil hat eine eigenartige Begriffsgeschichte: Ursprünglich war es eindeutig sexuell konnotiert. Ein »geiles Weib« war eine sexuell anziehende Frau, bei der man dachte, annehmen zu können, dass sie für die mit ihr verbundenen Fantasien auch ansprechbar wäre. Da im Österreichischen dieser Männerphantasie gelegentlich eine gewisse Korpulenz eignete, hat sich eine Nebenbedeutung im Nahrungsmittelsektor etabliert: eine »geile Torte« etwa war ein wenig zu fett. Dann ist das Wort in die Jugendkultur abgewandert – »geil« bezeichnete etwas diffus Positives und seine Verwendung hatte eine provokative Kraft gegenüber der Erziehungsgeneration, die den Bedeutungswechsel erst langsam realisierte. In jedem Fall ist es ein ordinärer Slogan, man assoziiert damit die *Bild*-Zeitung und das Ballermann-Milieu; so hat die »Geiz ist geil«-Fraktion eine diffuse Kohärenz und wird ein wenig verachtet: »Wie jede Geschmacksäußerung eint und trennt die ästhetische Einstellung gleichermaßen.«[120] »Geiz ist geil« ist nicht an die coolen Smart-Shopper adressiert, es ist eine plumpe, ordinäre Parole, die beispielsweise Intellektuelle abschreckt. Man sollte allerdings einen Umstand nicht vergessen: Der Slogan ist nicht völlig eindeutig. So lustvoll seine ordinäre Komponente auch sein mag, stigmatisiert sie eben auch den, der ihm anhängt, und lässt damit die Tür für ein konventionelles Markendenken offen.

Doch in der Sache besteht Einigkeit und selbst die kultivierten Leute, die der Kultursoziologe Gerhard Schulze das Niveaumilieu nennt, schlagen ihre Schnäppchen. Man freut sich, wenn die Gesamtaufnahme von *Don Giovanni* mit dem legendären Enzio Pinza, die aus Japan zu bestellen man seit Jahren erwogen und aus finanziellen Gründen dann eben doch unterlassen hat, auf einmal beim Versanddienst ZWEITAUSENDEINS, einem Derivat der 68er-Bewegung, um 1,99 Euro auftaucht. Dieses Versandhaus, dessen Klientel kultursoziologisch gesehen eine interessante Koalition aus dem Niveau-, dem Selbstverwirklichungs- und dem Entertainment-Milieu bildet, hat übrigens seine Verkaufshilfe, das legendäre *Merkheft* mit der Nummer 182 »Aus aktuellem Anlass« unter das fett gedruckte Motto »Wir müssen alle sparen« gestellt. ZWEITAUSENDEINS schafft so eine Koalition mit der leitenden Idee einer Volksgemeinschaft von Sparern, die übrigens, mit der Breite des Anbots von Büchern, CDs und Videokasetten bzw. DVDs eine Realisierung der sozialdemokratischen Parole von der »Kultur für alle« darstellt – und zwar im Zeichen der Erschwinglichkeit.

Im A-Milieu sind Lebensart und Stil wichtig und das Pendant zum ordinären Geiz wird durch Kompetenz gestützt. Es gibt ein geheimes Wissen über den Winzer, der einen besonderen Wein preiswert liefert, den einmal im Jahr auftauchenden reisenden Verkäufer eines von »Aussteigern« genossenschaftlich betriebenen Guts in der Toskana, der das selbst gepresste Olivenöl zum erschwinglichen Preis liefert, den chinesischen Schneider, der einmal im Jahr in der jeweiligen Großstadt gastiert, wovon ein Zettel in der Redaktion kündet, an zwei Tagen in einem Hotel mehr als hundert Kunden ausmisst und binnen fünf oder sechs Wochen aus Hongkong oder sonst woher ein unbeschreiblich kleines Päckchen sendet, das im Extremfall einen sauber genähten Anzug enthält. Das A-Milieu hat seine raren Informationen und die sind nicht »geil«.

»Geiz ist geil« als Kompensation

Doch was auch immer »geil« jetzt bedeutet – weder Harpagon noch Dagobert können so charakterisiert werden –, stellt sich die Frage, warum die semantischen Spielregeln, die rund um das Wort »geil« gelten, in dem Slogan außer Kraft gesetzt wurden. Harpagon und Dagobert haben eine Eigenschaft mit der »Geiz ist geil«-Fraktion gemeinsam: Sie haben Angst und bewerten ihre wirtschaftliche Zukunft pessimistisch. Im Fall der beiden literarischen Figuren ist diese Einschätzung bloß fiktiv und sie beziehen daraus ihren Unterhaltungswert. Doch in Deutschland und Österreich sind mehrere Generationen mit einer bisher ungewohnten wirtschaftlichen Situation konfrontiert und die Sparappelle, die Renten- und Gesundheitsreform und die wachsende Arbeitslosigkeit mobilisieren kollektive Ängste.

Die immer noch minoritäre Vorstellung, sparen zu müssen, hat eine traumatisierendes Potenzial. Man kann davon ausgehen, dass die verschiedenen gesellschaftlichen Milieus verschieden auf diese angsterregenden Appelle reagieren. »Geiz ist geil« ist an diffuse, sprachlose gesellschaftliche Milieus adressiert, wo das Sparen allmählich zur Notwendigkeit wird, denen keine »Geheimtipps« zur Verfügung stehen und deren Marktkompetenz gering ist. Im Extremfall finden wir sie als Opfer der zahlreichen Ladenketten, die im Namen suggerieren, dass jeder Gegenstand dort 1 Euro oder gar nur 99 Cent kostet, die aber tatsächlich auch höherpreisige Güter verkaufen. Gewiss, man kann dort gelegentlich auch Smart-Shopper antreffen, doch ein Großteil des Anbots ist schlichter Schund: unbrauchbare Gegenstände mit schlechtem Design. Vor allem beschäftigen diese Läden ein Personal, dessen Schulung auf einen Punkt beschränkt ist: die Abwehr von Reklamationen, wenn das Produkt nach einem Tag die Funktion einstellt. Doch vielleicht stellt der Erwerb einer »No-Name«-Stereoanlage in einem derartigen Laden auch ein wenig den Charakter eines Abenteuers dar und schafft so ein Bindeglied zwischen der Fraktion von »Geiz ist geil« und der »Erlebnisökonomie«?

Nach den Spielregeln der klassischen Konsumgesellschaft ist »Sparen« ein Zeichen von »Armut« und die ist stigmatisiert. Diese Stigmatisierung hat in der Konsumgesellschaft einen anderen Charakter als im 19. Jahrhundert. Der sogenannte Konsumterror kam nicht von außen, sondern speiste sich eher vom Prestigecharakter des Konsums – dem Stolz, sich etwas leisten zu können. Wer sparen muss, hat Angst, sich nichts mehr »leisten« zu können, »sparen müssen« hat heute eine narzisstisch kränkende Dimension.

Es wäre einladend, als literarisches Gegenbild zu Molières *Gei-*

zigem den *Verschwender* aus Ferdinand Raimunds 1834 entstandenem biedermeierlichen »Original-Zaubermärchen in drei Aufzügen« heranzuziehen. Auch sein aristokratischer Protagonist mit dem sprechenden deutsch-englischen Namen Flottwell (er führt ein flottes Leben und fühlt sich dabei wohl) ist ein letztlich selbstdestruktiv agierender Soziopath. Die erste Szene präsentiert uns einen menschenfreundlichen Herren, dessen Bauern »fast niemals eine Abgabe«[121] zahlen, als einen großzügigen Gastgeber, der seine Gäste verwöhnt, aber auch durch gelegentliche Wutanfälle plagt. Doch ansonsten erinnert die emotionale Atmosphäre rund um ihn an die um Harpagon: Seine Umwelt, vom braven Valentin einmal abgesehen, erweist sich als seiner Zuwendung unwürdig, sie betrügen ihren Gastgeber nicht nur beim Spiel – und die Flottwellsche Großzügigkeit ruiniert ihn letztlich. Wenn Flottwell von sich sagt: »Ich habe kein Verdienst als meines Vaters Gold«[122], dann gerät seine Verschwendungssucht in den Verdacht einer ödipalen Komponente. Bewusst setzt er seinen Lebensstil gegen die asketische Lebensführung des Vaters: »Ich will mein Dasein großartig genießen; und sucht mich Sorge, lass ich mich verleugnen.«[123] Die Rechnung geht nicht auf, das Leben, das er sucht, findet nicht statt – weder in England noch in Südamerika.

Auch zu Flottwell hätte Karl Abraham einen der für ihn charakteristischen Kommentare abgeben können: das Geldausgeben insbesondere in der Form des Verschwendens sei »ein Äquivalent für die ersehnte, aber neurotisch gehemmte Verausgabung der Libido (...). Erwähnt sie hier noch die Neigung mancher Frauen zum Verschleudern von Geld. Sie drückt eine Feindseligkeit gegen den Ehemann aus, welchem auf diese Weise sein ›Vermögen‹, genommen wird; es handelt sich also – wenn wir andere Determinierungen zunächst beiseite lassen – um eine Äußerung des weiblichen Kastrationskomplexes im Sinne der Rache am Manne. Wiederum sehen wir hier sadistische Motive mit solchen analerotischer Herkunft zusammenwirken.«[124]

Flottwell ist also weder smart noch geil, der archetypische

Verschwender hat keine positiven Eigenschaften, und seine Beschreibung und ihre Interpretation erklären uns nicht die Angst und das narzisstisch kränkende Element rund um das Sparen-Müssen. Wichtiger ist wohl, dass das gesellschaftlich akzeptierte Gegenbild zum Geiz die Großzügigkeit ist. Helden sind großzügig. Die Großzügigkeit, die ihre Karikatur im *Verschwender* erlebt, macht den Menschen seiner Umwelt angenehm, sie lässt ihn die Grenzen seines berechnenden Ichs ständig überströmen, sie wird mit Herzenswärme assoziiert und ist sicherlich etwas, was dem Ego gut tut. Der Großzügige hat auch einen höheren sozialen Platz, der aber in Gefahr gerät, wenn die Menschen sparen müssen. Konsum ist zudem oftmals mit Sorge für sich selbst und für die Angehörigen verbunden. Die Mutter, die statt DANONE das anonyme Jogurt kauft, hat möglicherweise eine irrationale Angst, ihren Kindern etwas Schlechtes anzutun – das teure Markenprodukt hat einen höheren Sorge- und Verwöhnungswert. Vor allem scheint es auch dem »Geiz ist geil«-Milieu noch nicht gelungen zu sein, Konsum und Prestige voneinander zu entkoppeln.

Wenn wir also akzeptieren, dass die Vorstellung, sparen zu müssen, etwas Bedrohliches hat und dass es gesellschaftliche Milieus gibt, in denen man nicht smart ist, dann erschließt sich uns die Bedeutung der forcierten »Geiz ist geil«-Kampagne: auch sie hat eine spielerische und kompensatorische Komponente. Eine neue Illusion wird aufgebaut: Die an sich peinliche und ungewohnte wirtschaftliche Situation wird in den Auswirkungen auf den Konsum nicht so schlimm werden, sparen müssen heißt nicht Armut, sondern ist letztlich »geil«. Der Konsument, der so tut, als ob er lustvoll sparen würde, ähnelt ein wenig einer Figur aus einer Komödie. Das kompensatorische Element wird wohl am besten illustriert durch die Adresse der bekanntesten deutschen Website mit der Tiger-Zeichentrickfigur und dem Wortspiel im Namen »günsTiger« für möglichst billige Güter: guenstiger.de – der Schnäppchenjäger sieht sich hier als ein mächtiges, majestätisches und bedrohliches Tier.

Generell hat das Internet eine wichtige Rolle in der Entstehung der »Geiz ist geil«-Mentalität gespielt. In der Glanzzeit der IT-Wirtschaft waren dort nur jene Angebote erfolgreich, wo etwas hergeschenkt wurde. Heute locken Adressen wie »schottenparadies«, »gewinnspiele«, »gratisparadies«, »geizhals« oder »schnäppchenführer« das Publikum – noch nie war es so leicht, Informationen über »billige« Güter zu erlangen und die Routine im Umgang mit dem Computer schafft für die User eine neuartige Marktkompetenz, über die früher nur eine Minorität verfügte. Möglicherweise hilft das Internet, manchen Mitgliedern des »Geiz ist geil«-Milieus zum Aufstieg in die Liga der Smart-Shopper.

6. Kampfzonen

Die Übersättigung der Konsumenten mit Gütern hat das Enttäuschungspotenzial der Waren aktiviert; und die Gleichzeitigkeit einer Angst machenden ökonomischen Situation und eines Handelskrieges haben dem Verhalten der Smart-Shopper und der »Geiz ist geil«-Mentalität eine gewisse Überzeugungskraft verliehen. So sehr die Billigkäufer mit sich selbst zufrieden sind und so sehr die »Geiz ist geil«-Kampagne sie in dieser Selbstzufriedenheit bestärkt – doch im Grunde ist Dagobert Duck eine unangenehme Figur und vor allem die Industrie und der Handel verabscheuen eigentlich die Geizkragen. Wir haben schon mehrmals die wohl formulierten Sprüche der Vertreter der Marken zitiert, welche die Konsumenten auf die Qualität und die Innovation hingewiesen haben, die mit der Marke verbunden sind. In den Kampfzonen spielen sie die Rolle der Diplomaten, es gibt aber auch »Krieger«, die allerdings getarnt auftreten. Das Handelsrecht lässt offene Attacken gegen die Billiggüter einstweilen nicht zu, auch sind viele Marken durch ihre Verbindung mit den Handelsketten an einem offensiven Auftreten gehindert. Was ihnen bleibt, ist das feindselige Gerücht: im billigen Joghurt werde Rinderfett beigemischt und gewisse Schokoladen enthielten – welch eine eklige Vorstellung – Ochsenblut. Gegen manche Billigketten existiert eine untergründige Diffamierungskampagne, die deren Kunden auf sadistische und fremdenfeindliche Weise abwertet: C&A etwa gilt als »Türkenladen« und der Name des Unternehmens wird mit »Cheap & Awful« (billig und scheußlich) übersetzt. Die Folgen sind spürbar: Es gibt Konsumenten, die aus einem bei C&A erworbenen, durchaus akzeptablen Accessoire das Etikett herausschneiden. Immer noch gibt es einen Bruch im Kaufverhalten der Mittelklasse und wer allzu ostentativ »billig kauft« läuft Gefahr, als niveaulos verspottet zu werden. Dem »Billigen« wird gezielt die Aura abgesprochen und die Billigmarken wären wohl beraten, wenn sie eine Strategie fänden, dieses Defizit zu kompensieren. Die Freundlichkeit in den VAL-MART-Läden ist wohl ein Ansatz zu einer solchen Strategie. Besonders erfolgreich ist hier die Textilkette H&M: sie hat es geschafft, jugendliche Käufer mit einem diffusen »Erlebniswert« des Einkaufes dort zu binden, ein Besuch in diesen Läden – auch wenn nichts gekauft wird – gehört bei Heranwachsenden vor allem weiblichen Geschlechts zum »Lifestyle«.

Doch Güter sind eine multiple Metapher und die Beziehung, die wir zu ihnen haben, beinhaltet eine irrationale Komponente. So bleiben zwei Fragen offen: Sind die Billigkäufer wirklich bereit, auf den tiefsitzenden Zusammenhang zwischen »teuer« und Prestige, und all die anderen Faktoren, die Gütern eine Aura geben, zu verzichten? – Und sind Industrie, Handel und Dienstleister tatsächlich bereit, die Tendenz zum »billiger Kaufen« als irreversibles Massenphänomen hinzunehmen?

»Keiner bekommt, was er wirklich will. Deshalb machen wir weiter.« – so Michael Rutschky. Kaufen ist eine der Arten, wie wir weitermachen. Es ist, so Ernest Dichter, »ein Ausdruck schöpferischer Fähigkeit (...) Jedes Mal, wenn wir einkaufen gehen, tun wir es in Wirklichkeit, um uns zu beweisen, dass wir die Macht haben, unsere geheimsten Wünsche durch die Wahl einer bestimmten Warenart zum Ausdruck zu bringen.«[125] Der Pionier der Motivationsforschung hat der Psychologie immer wieder vorgeworfen, sie habe »in starkem Maß die echte Ausdruckskraft von Gegenständen übersehen. *Die Dinge haben eine Seele.*«[126]

Doch worin liegt diese »Seele«? Dichter bietet uns mehrere Verortungen an: Güter haben eine geschlechtliche Dimension, sie repräsentieren technologische Leistungen und sie dienen uns vor allem als »nahe Ziele sozialer Anerkennung«: »Oft übersehen wir die Tatsache, dass in Amerika die Markenartikel beinahe ein Ersatz für Adel und Stammbaum geworden sind. Trägt man einen Stetson, rückt man in die Klasse der Herren auf, die den gleichen Hut tragen.«[127]

Da das Wort »Seele« als Sammelbegriff für alles, was über den schlichten Gebrauchswert eines Gutes hinausgeht, zuweit gehende Assoziationen mobilisiert, während Image und Prestige zu kurz greifen, haben wir uns für den Begriff der Aura als Alternative entschieden. Wenn wir Ernest Dichter folgen, dann stellt sich die Frage, ob nicht auch der Konsument diese Aura benötigt, um nicht vollkommen die Lust am Konsum zu verlieren?

Das modische Wort vom »Handelskrieg« belegt, dass die Verwendung eines militärischen Vokabulars im Wirtschaftsleben durchaus gerechtfertigt ist. Jene Kampfzonen, die Michel Houellebecq in seinem Roman *Ausweitung der Kampfzone* rund um den Zugang zur sexuellen Praxis konstatiert, existieren auch rund um die Aura von Gütern. Das Definitionsmonopol der Werbung wird zunehmend von selbstbestimmten Konsumenten attackiert, die billigen – ja früher verpönten – Gütern eine Aura zuschreiben. Als Reaktion auf diese generelle Tendenz versuchen die Repräsentanten der teuren Güter, die Unmöglichkeit der Koexistenz von »Aura« und »billig« zu beweisen oder der Aura eine neue Definition zu geben. Und schließlich sind wir Zeitgenossen eines Trends, in dem versucht wird, die Konsumenten zu einer neuen Ökonomie zu erziehen, in der das Gut die Hauptrolle im Konsumakt verloren hat und sein Erwerb als hochpreisiges »Erlebnis« gestaltet wird.

Kampfzone 1: Der Flohmarkt und der Second-Hand-Laden für Textilien

Der Flohmarkt mit seinem Fotografen anziehenden Folklorismus, mit seinen manchmal kostümierten Verkäufern und den gelegentlich bunt dekorierten Ständen, verhält sich antithetisch zur wohlgeordneten Welt des Supermarktes. Manche der angebotenen Gegenstände liegen ungeordnet nebeneinander, manche sind systematisch drapiert wie in einem Laden, doch im Gesamtbild ist der Flohmarkt schmutzig, ungeregelt und prinzipiell chaotisch. Die im Alltag unter den Gegenständen herrschende Hierarchie der Brauchbarkeit ist bei den hier angebotenen in vielen Fällen auf den Kopf gestellt – auch der zerschrammte und defekte Fernsehapparat findet einen Interessenten, was dem einen Müll ist, ist für den anderen ein brauchbarer Gegenstand, ja vielleicht sogar ein gesuchtes Sammlerstück, das wieder ein anderer als plumpe und überteuerte Fälschung durchschaut.

Der Flohmarkt zwingt zum persönlichen Kontakt, im Fall der Mittelklasse oft mit Menschen, die man sonst meidet: mit ungepflegten Erscheinungen, mit Schmugglern, ja vielleicht sogar mit Dieben. Kein Flohmarkt ohne Taschendiebe, ohne zwielichtige Gestalten, die gelegentlich die Händler bestehlen. Die Polizei ist zwar präsent, doch prinzipiell ist der Flohmarkt ein Ort des staatsfreien Handels, an dem vor allem der Finanzminister mit seinen Abgaben, Umsatz-, Mehrwert- und Einkommenssteuern nichts zu suchen hat. Auch ist es ein Ort, an dem der Käufer – zumindest in der Fantasie – die Rolle wechseln darf und sich selbst einmal einen Stand mieten könnte. Am Flohmarkt werden zwingend vielfältige Nähen hergestellt – zwischen den Menschen und den Dingen, die sie durchwühlen, zwischen den Massen von Besuchern, die einander behindern, die um das Recht, Gegenstände anzugreifen, rivalisieren und diese einander aus den Händen reißen.

Für viele Besucher ist der Besuch des Flohmarkts ein unverbindliches Freizeitvergnügen, für manche ein Ort des regelmäßigen Gütererwerbs. Von ihnen verlangt der Flohmarkt eine hohe Aufmerksamkeit für die Güter und eine ebensolche Kompetenz, die er auch belohnt. Für alle Besucher hat der Flohmarkt einen hohen Erlebniswert und er ist ein Kampfplatz, an dem sich eine ungezügelte Gier austoben darf. Er liefert Menschen, die gewohnt sind, sich korrekt zu benehmen, die Lizenz zu einem Verhalten, das ansonsten unzulässig ist – dem Akademiker etwa, der auf der Suche nach Erstausgaben gierig in einem Korb voll schmutziger alter Bücher wühlt. Ist er erfolgreich, dann hat er ein ähnlich sublimiertes Diebstahlserlebnis wie die Käufer gewisser Sonderangebote. Da weiß einer, dass die unscheinbare Porzellanfigur als seltenes Exemplar einen hohen Handelswert hat, und ist Stolz darauf, wenn es ihm gelungen ist, den Verkäufer von den geforderten zehn Euro auf sieben Euro herunter zu handeln. Mit diesem Erwerb wird das Theorem, dass das billige Gut kein Prestige bringt, außer Kraft gesetzt: die billig erworbene Rarität verdoppelt dem Käufer das Prestige.

Der Flohmarkt ist also ein Ort, der den dort erworbenen Gegenständen eine eigene Aura schafft: das Abenteuer des Erwerbs, das Feilschen, das den Verkäufer täuschen oder von ihm getäuscht werden, das alles setzt die erworbenen Gegenstände in eine eigene Atmosphäre. Der Name warnt einen davor, sich allzu viel zu erwarten – Flohmärkte kombinieren einen hohen Erlebniswert mit einem geringen Enttäuschungspotenzial.

Gebrauchte Gegenstände

Obwohl mittlerweile viele Stände neue Güter anbieten – chinesisches Nippes, Imitationen klassischer Antiquitäten, alternative Lebens- und Heilmittel –, werden am Flohmarkt doch prinzipiell gebrauchte Dinge verkauft. Der Flohmarkt spielt dabei eine wichtige Rolle bei der Kanonisierung vergangener Moden, er ist eine Schaltstelle, wo Folgegenerationen entscheiden, was sie von der (oder den) vorigen Generation(en) »übernehmen«. Es gibt Prozesse in der Neubewertung von Gütern, die auf Flohmärkten begonnen haben: Ein Massendesign aus den 50er Jahren wie etwa das sogenannte LILIEN-PORZELLAN, das von der Folgegeneration, die sich daran satt gesehen hatte, weggeworfen wurde, ist allmählich in den Status eines Gegenstandes gerutscht, der individuell gehandelt wird und seinen Preis jährlich steigert. Ganze Relaunch-Bewegungen vergangenen Designs haben von den Flohmärkten ihren Ausgangspunkt genommen und eine neue Hierarchie geschaffen: Die Kenner haben die Original-THONET-Garnitur, die sie vor Beginn der Konjunktur billig am Flohmarkt zusammengesammelt haben, die anderen die Imitation, für die sie im Design-Laden ein Vielfaches bezahlt haben. Auch hier ist es die Kompetenz des Käufers, und nicht der Preis, die Prestige schafft. Vor allem im Sektor der »kleinen Antiquitäten« ist der Flohmarkt die erste Etappe, wo ein Gut »collectible« wird – sobald etwa ein Sammler einen »Katalog« verfasst, beginnt für die betreffende Antiquität ein Prozess der Wertsteigerung.

So laufen Flohmärkte seit Jahrzehnten, sie sind eine touristische Attraktion und ein Freizeitvergnügen der Einheimischen, vieles, was dort verkauft wird, hat skurrilen Charakter oder interessiert nur Liebhaber. Doch wer die Flohmärkte genau beobachtet, wird feststellen, dass sie immer »ernster« werden, was bedeutet, das jenseits der üblichen »Flohmarktgüter« das Publikum immer mehr Gegenstände des täglichen Gebrauchs erwirbt. Junge Leute haben immer schon Textilien am Flohmarkt gekauft: alte Lederjacken oder die nach heutigen Standards »lustige«, ein wenig rurale Großvaterweste. Das alles hatte immer noch den Charakter eines »Juxes«. Wahrscheinlich waren es die ausländischen Besucher und Betreiber, welche die Idee eines Marktes wörtlich genommen haben und dem Flohmarkt seine neue Ernsthaftigkeit gegeben haben: Einwanderer und Flüchtlinge, die ihre Textilien von den fröhlichen jungen Leuten kauften, die sich »auch einmal« auf den Flohmarkt stellen wollten und dort ihr altes Gewand, ihre Jugendbücher und ihre CD's verkauften. Heute hat sich nicht nur das textile Anbot am Wiener Flohmarkt ausgeweitet, sondern man findet auch immer mehr Angehörige der Mittelklasse, die sich dort einkleiden – das ist ein neuer Trend, der die Frage aufwirft, ob es Zufall ist, dass er gleichzeitig mit den Smart-Shoppern aufgetreten ist.

Eigenartige Beobachtungen sind am Wiener Flohmarkt möglich: Da sieht man etwa einen durch eine Haube ein wenig unkenntlich gemachten Wiener Kulturmanager, einen bekennenden Liebhaber von Schuhwerk, beim Kauf eines nicht sonderlich ansehnlichen Paars gebrauchter Schuhe, die er in seinem Rucksack verstaut. Der Mann verfügt sicherlich über eine hohe Kompetenz und möglicherweise hat er hier ganz besondere Stücke erworben. Dennoch: Zu einer solchen Begegnung mit dem Gestern gehört mehr als eine gute Portion Voyeurismus, nämlich eine Überwindung des Ekels vor dem Alten, dem Ausgeschiedenen und dem Eigentum der Toten. Wer denkt hier nicht an die islamischen Kulturen, in denen die Schuhe Verstorbener der Gegenstand eines intensiven Tabus sind, und an analoge Haltungen in unserer Kultur? Am Flohmarkt werden also auch ohne große Ankündigung Tabus gebrochen. Auf der Ebene des sozialen Status galt es in den großen Zeiten der Konsumgesellschaft als Schande und als ein Zeichen von Armut, gebrauchte Kleider zu tragen. Es gab im Verhaltenskanon der Mittelklasse Ausnahmen, Freundinnen etwa, die Kleider tauschten, weil sie der jeweils anderen besser standen, oder die Weitergabe von Kleidungsstücken an jüngere Geschwister. Doch schon bei von fremden Kindern getragenen Textilien riskierte man vom beschenkten Kind die Reaktion: »Von dem möchte ich nichts«.

Gebrauchte Textilien scheinen auch einen magischen Charakter gehabt zu haben, es war einmal ein eminent persönlicher Akt, in die »zweite Haut« eines anderen, gar eines Toten, zu schlüpfen und damit vielleicht sogar sein Schicksal zu übernehmen und seine körperliche Existenz fortzuführen. Der Rückgang dieser magischen Komponente hängt wohl auch damit zusammen, dass noch vor wenigen Jahrzehnten Kleider um einiges intimer waren als heute: Man, und dieses man ist nicht auf die Mittelklasse beschränkt, hatte weniger als heute, trug die Stücke länger und hatte ihnen gegenüber eine Haltung, die manche mit dem Wort »Beziehung« charakterisierten. Der Kreis der Kleidungsstücke, die mit dem höchstpersönlichen »mein« versehen wurden (»mein Shetlandpullover«) war prozentuell höher als heute.

Der Erwerb eines Burberry-Mantels als Akt der Wohltätigkeit

Die Weitergabe getragener Textilien, die man selbst nicht mehr braucht, hat traditionell den Charakter eines »guten Werkes«: Ursprünglich schenkte die »gnädige Frau« der Bediensteten ihr altes Kostüm, das diese dann stolz lebenslang trug. Allmählich wurde die Zahl der »gnädigen Frauen« geringer und die Menge von ausgeschiedenen, aber tragbaren Textilien immer größer. Früher lud die Mittelklasse einmal im Jahr den Kofferraum voll und brachte abgelegte Textilien zu Wohltätigkeitsorganisationen, mit dem stolzen Gefühl einen Beitrag zur Lösung der sozialen Frage geleistet zu haben. Hilfsorganisation wie etwa die CARITAS haben diese Textilien in Zusammenarbeit mit den Sozialämtern und den Pfarreien an Bedürftige weitergegeben.

Der exzessive Konsum hat dieses Konzept verunmöglicht – allmählich gab es mehr tragbare Textilien als heimische Bedürftige, die willens waren, sie zu tragen, und die Lager der CARITAS quollen über. Also begann man die mittlerweile in Containern gesammelten Textilien in »arme« Länder zu exportieren und dort zu verteilen. Der Tourist konnte, wenn er etwa in Nordafrika die etablierten Reiserouten ein wenig verließ, in eine textile Welt der 70er Jahre eintauchen – traditionelle Designs koexistierten in der Wüste mit psychodelischer Mode, ein eigenartiger Anblick, der zu Reflexionen über kulturellen Imperialismus im Gewand der Wohltätigkeit veranlasste. Das gut gemeinte Konzept wurde kritisiert, weil es den solcherart beglückten Ländern den Einstieg in die industrielle Produktion erschwerte: Die Textilindustrie gilt ja wegen der Einfachheit der dabei benötigten Maschinen und des dabei benötigten Know-hows als »Startindustrie«.

Mittlerweile hat unsere Gesellschaft eine neue Strategie gefunden, sich tragbarer Textilien zu entledigen und sich dabei ein gutes Gewissen zu verschaffen: Die gesammelten Textilien werden in eigenen Läden verkauft. Generell gilt: Während der Lumpensammler und der Kleidertrödler einst eher verächtliche Figuren waren, boomen heute Second-Hand-Läden für Textilien. Es gibt professionelle, oft auf bestimmte Mode wie etwa gebrauchte Haute Couture oder gar Gewänder von Stars spezialisierte und jene uns hier besonders interessierenden wohltätigen Zwecken dienende Läden, deren Vorläufer seit den 20er Jahren die amerikanischen Thrift-Stores und die Läden der HEILSARMEE sind.

Die von Wohltätigkeitsorganisationen wie etwa HUMANA oder PEOPLE FOR PEOPLE geführten Läden scheinen gleichzeitig als Arbeitsbeschaffungsprogramm zu dienen. Von außen betrachtet bieten diese Läden ein ambivalentes Bild: Sie finden sich in manchen Fällen an guten Standorten, wo die Mieten recht hoch sind, und werden derart personalintensiv geführt, dass sie wohl Zuschussbetriebe sind. Das Klientel der Läden zerfällt in verschiede Gruppen: in tatsächlich ärmlich wirkende Menschen, die Textilien für den eigenen Gebrauch erwerben; in ein jugendliches Publikum auf der Suche nach originellen Textilien, die – nachdem die Postmoderne auch in der Mode die Regeln der alten Ensembles gesprengt hat – mit anderen Stücken kombinierbar sind; in Händler, die spezielle Textilien suchen, um sie auf Flohmärkten weiter zu verkaufen, und schließlich in jene Gruppe, die uns am meisten interessiert – ein gut gekleidetes Mittelklasse-Publikum auf der Jagd nach kaum getragenen teuren Stücken.

Das Personal reagiert vor allem auf diese Gruppe, die dem Laden einen höheren Umsatz bringt, gelegentlich mit einer offenen Aggressivität. Es weiß, dass ein kaum getragener BURBERRY-Mantel aus Wolle, der das Namensschild eines jüngst verstorbenen Wirtschaftskapitäns trägt, um 50 Euro ein »Schnäppchen« (oder, wienerisch formuliert, eine »Mezzie«) ist. Doch der Kreis der Kunden, der über jenes Markenbewusstsein und die sonstige Garderobe verfügt, die erforderlich sind, um den BURBERRY zu würdigen, ist gering. Es gibt also eine offenkundige Inkongruenz zwischen den Bedürfnissen der primären Zielgruppe und dem Angebot im Wohltätigkeitsladen.

Das gilt auch für die in vielen österreichischen Wohltätigkeitsläden massenweise angebotenen Lodentextilien: Das sind teure, qualitativ hochwertige Stücke, die oft an einem Urlaubsort gekauft worden sind und dann im urbanen Umfeld nur noch selten getragen wurden und heute im Zeitalter der Kombinierbarkeit verschiedener Stile eine kleine Renaissance erleben. Das Personal kennt den Wert dieser Stücke und setzt den Preis entsprechend hoch an, was bewirkt, dass die Lodenjacken liegen bleiben und die Lagerkapazitäten überfordern. Um das Lager zu leeren, werden regelmäßig Abverkäufe durchgeführt, bei denen man die möglicherweise exquisite Lodenjacke um sieben Euro erwerben kann. Wenn man diesen Preis in Relation dazu setzt, dass ein durchaus Spuren des Gebrauchs tragender H&M-Sweater im gleichen Laden ebenso viel kostet – also ein Drittel des Neupreises und die Hälfte des Preises in einem der bei H&M regelmäßig stattfindenden Abverkäufe –, dann drängt sich der Eindruck auf, dass auch diese der Wohltätigkeit dienenden Läden letztlich nach dem Prinzip funktionieren, dass dem, der hat, gegeben wird.

Es ist interessant, das Verhalten der Mittelklasse in diesen Läden zu beobachten: Gewiss, das Anbot ist immer limitiert und zum Preis muss man die Reinigungskosten addieren. Das sind sachliche Argumente, die aber nichts an der prinzipiellen Tatsache ändern, dass die Zahl der Angehörigen der Mittelklasse, die bereit ist, im Wohltätigkeitsladen einen angemessenen Preis zu zahlen, beschämend gering ist. Ein Besuch in einem derartigen Laden ist ja auch ein eigenes Erlebnis. Es riecht dort gar nicht gut und manche Kunden konfrontieren einen mit etwas, was man nicht gerne sieht: mit echter Armut. Die Mittelklassekundschaft besucht diese Läden mit der gezielten Motivation, Prestige durch den Ankauf eines außergewöhnlich billigen Stükkes zu erwerben; sie lässt sich gewissermaßen ihre Bereitschaft, an einen derart »unpassenden« Ort zu gehen, honorieren: Das aus einem Lagerrückstand stammende, neue BOSS-Sakko »darf« nicht mehr als 30 Euro kosten.

Eine ähnliche Konstellation gab es auch in den Möbelläden der österreichischen Wohltätigkeitsorganisationen, die noch dadurch verschärft wurde, dass Möbel besonders sperrig sind und ein schneller Absatz im Interesse des Verkäufers liegt: Zunächst junge Leute, später Kenner, erwarben dort aus dem Fundus der sogenannten Wohnungsräumungen Jugendstil-Kommoden und ähnliche Kostbarkeiten zum gleichen Preis wie billige und gebrauchte Kaufhausmöbel. Hier konnte Abhilfe geschaffen werden: Das angestellte Personal machte sich kundig, sortierte »verdächtige« Stücke aus und kooperierte mit zuverlässigen Händlern. Das funktioniert, weil der Händler bereit ist, für das Jugendstil-Möbel im Marktwert von 1500 Euro einen höheren Preis zu zahlen als der Schnäppchenjäger; bei Textilien scheint das – wegen der Größe des Anbots und der letztlich doch geringeren Handelsspanne – unmöglich zu sein. Auch hier dienten die USA als Vorbild: Ein nicht geringer Teil der nach Europa importierten amerikanischen Art-déco-Möbel stammt aus dortigen Thrift-Stores. So hat sich allmählich eine smarte Form der Wohltätigkeit entwickelt, in der etwas ehedem Verächtliches eine Aura erlangt hat.

Die beiden recht extremen Beispiele des Flohmarktes und des humanitären Second-Hand-Ladens für Textilien haben einiges gemeinsam: es sind Orte mit hohem Erlebniswert, Orte des Tabubruches, Orte an denen sich Gier ungezügelt austoben kann und wo die Kompetenz belohnt wird. Beide sind Orte, an denen im Idealfall billig gekauft wird, und zwar unter Modalitäten, die dem dort erworbenen Gegenstand eine Aura geben, deren Kriterien die Konsumenten selbst festsetzen.

Kampfzone 2: Reauratisierung durch kulturelle Aufladung von Produkten

Flohmarkt und textile Second-Hand-Läden sind extreme Beispiele einer Selbstdefinition der Aura durch die Konsumenten; das von ihnen verkörperte Bedrohungspotenzial für Handel und Industrie ist gering. Die größere Gefahr für die traditionellen Marktanbieter stellen billige, in Südostasien oder anderen kostengünstigen Produktionsstätten gefertigte Güter dar, deren Anteil im alltäglichen Konsum ständig zunimmt. Müssen der Handel und die Industrie es sozusagen schicksalhaft hinnehmen, wenn ein Gut plötzlich durch eine technische Innovation seine

Aura und den damit verbundenen hohen Preis verliert, oder gibt es hier Gegenstrategien?

Das beste Beispiel einer erfolgreichen Abwehr dieser Bedrohung durch die Reauratisierung eines Gutes, die SWATCH des Nikolaus von Hayek, hat mittlerweile historischen Charakter. Fast durch das gesamte 20. Jahrhundert hindurch hatten Armbanduhren unter den täglich genutzten Gegenständen über eine extrem hohe Aura verfügt. Lange Zeit galt es als Zeichen von Reife, wenn ein Heranwachsender seine erste Uhr geschenkt bekam – Tradition war es, dass der Pate zur Konfirmation dem Patenkind eine Uhr schenkte, die dieses lebenslang begleiten sollte. Das wurde allmählich zur Fiktion, doch tatsächlich setzte der Umgang mit Uhren einen gewissen Reifegrad voraus: Ließ man eine Uhr fallen, war sie möglicherweise irreparabel beschädigt, da die Stoßsicherheit gering war; zudem waren nur wenige Modelle wasserdicht. Mechanische Uhren waren auch pflegebedürftig, sie mussten regelmäßig gereinigt und neu eingestellt werden. Die Moderne zwang den Menschen eine im Vergleich zu früher höhere zeitliche Strukturierung auf, doch jene Omnipräsenz von Zeitbestimmungen am Computer, der Stereoanlage, dem Handy oder im öffentlichen Raum, die es heute ermöglicht, auf eine Uhr zu verzichten, war noch nicht gegeben.

Eine Uhr musste zuverlässig sein und der hohe Anteil handwerklicher Arbeit machte selbst eine billige mechanische Uhr verhältnismäßig teuer. Eine »gute« Uhr war ein hochpreisiges Gut, das in der Wunschskala der Mittelklasse auf einem hohen Platz rangierte; im Regelfall hatte man eine, »seine« Uhr. Nur eine Minorität besaß eine »festliche« Uhr, eine »fürs Büro« mit dunklem Lederband und eine sportliche mit einem braunen Band. Schweizer Uhren genossen eine hohe Reputation, vermittelten Prestige und galten gar als Wertanlage.

Alle diese Rituale änderten sich am deutsch-österreichischen Markt schlagartig in den 70er Jahren nach der Erfindung von billigen batteriebetriebenen Quarzlaufwerken. In Asien hergestellte Plastikuhren überschwemmten den Markt und nicht nur das jugendliche Publikum kaufte sie zu Billigpreisen außerhalb des Fachhandels. Anfang der 80er Jahre erwarben die acht Millionen Österreicher die unvorstellbare Zahl von einer Million Plastikuhren pro Jahr. Das Design der Uhren war in vielen Fällen extrem originell, manchmal hatte es den skurrilen Charme des Dilettantismus oder es imitierte unverschämt etablierte Marken. Die Qualität dieser Uhren war unterschiedlich: Manche hielten überraschenderweise buchstäblich jahrelang, bei manchen versagten mehrere der Funktionen, mit denen sie überladen waren, nach kurzer Zeit. Das störte kaum jemand, weil der Preis so gering war und eine Plastikuhr ein Wegwerfgegenstand ist, in den niemand investiert: Schon der Preis einer neuen Batterie und eines neuen Armbandes können die Anschaffungskosten um ein Vielfaches übersteigen; eine Reparatur gar ist ein ökonomisch unsinniges Projekt. Viele Konsumenten besaßen plötzlich dutzende Uhren, die sie als wechselnde und manchmal an die Kleidung angepasste, manchmal dieser bewusst stilistisch widersprechende Accessoires einsetzten. Dennoch waren diese Uhren nicht wirklich gesellschaftsfähig: Zwar war es im Zuge der Zerstörung der Idee eines einheitlichen Ensembles durch die Postmoderne prinzipiell möglich geworden, zu einem teuren Anzug eine schräge Plastikuhr zu tragen, doch wurde dieses Privileg hauptsächlich von Jugendlichen und in gesellschaftlichen Nischen wie etwa dem kreativen Bereich genützt. Die Angehörigen des Qualitätsmilieus trugen diese Uhren hauptsächlich in der Freizeit und hatten das damals noch obligate schlechte Gewissen der Billigkäufer.

Uhren wurden so gleichzeitig auf- und abgewertet: Aufgewertet, weil wir noch nie so viele Uhren besaßen und damit der Besitz mehrerer Uhren und das Interesse für ihre Designs eine kulturelle Selbstverständlichkeit wurden; abgewertet, weil durch diese Menge an billigen Produkten Uhren ihre Aura verloren hatten. So verschwand etwa der Zusammenhang zwischen dem Geschenk einer Uhr und der Initiation Heranwachsender in die Erwachsenenwelt völlig und man konnte schon Dreijährige beobachten, die eine plumpe Plastikuhr mit einem Behälter für kleine Zuckerkugeln unter dem Zifferblatt am Handgelenk trugen.

Vor allem für den Fachhandel und die Schweizer Uhrenindustrie hatten die Billiguhren fatale ökonomische Konsequenzen: Der Anteil der Schweizer Uhrenindustrie an der internationalen Produktion, der in den 70er Jahren noch 30 Prozent betragen hatte, war 1983 auf neun Prozent gesunken; der Fachhandel musste sich notgedrungen auf das Auswechseln von Batterien spezialisieren und bereitete sich auf eine Nischenexistenz vor. In dieser Situation erfand Nikolaus von Hayek das Konzept der SWATCH, schuf für Uhren eine neue Aura, rettete damit die Not leidende Schweizer Uhrenindustrie und inspirierte ein sich heute noch ständig verbreitendes Interesse an »edlen« Uhren. Die SWATCH-Gruppe agiert heute international und besitzt zahlreiche Nobelmarken, deren Umsätze ständig wachsen.

Der Name SWATCH bedeutet zweierlei: Swiss-Watch und Second-Watch. Diese doppelte Namensgebung enthält eine Botschaft an den Produzenten: du kaufst ein Schweizer Qualitätsprodukt; lass dich von dem manchmal exzentrischen Design, das an Billiguhren erinnert, nicht verwirren; es ist deine Zweituhr, sie konkurrenziert nicht mit deiner Hauptuhr und niemand wird dein Prestige an diesem Produkt messen. Hayek ließ also von Anfang an den Weg ins Qualitätssegment offen, in dem sich seine Unternehmensgruppe mittlerweile äußerst erfolgreich bewegt. Vor allem jugendliche Konsumenten nutzten die SWATCH keineswegs als Second-Watch, doch für viele von ihnen diente sie im Zuge des Älterwerdens als Einstiegsdroge in den Hochpreissektor.

Eine SWATCH war eine Marke, die technische Innovation lag zunächst darin, dass Hayek die schwerfällige Schweizer Produktion verschlankte und die Zahl der Teile der Uhr auf 51 reduzierte. Marken sind teurer als anonyme Produkte, doch eines muss man wohl mit aller Entschiedenheit klarstellen: auch wenn sie ein Vielfaches kostet, ist eine SWATCH zunächst einmal eine auch in der Ausführung billige Plastikuhr, die genauso schnell zerkratzt wirkt, wie jene Konkurrenz, gegen die Hayek antrat. Es gibt zwar Stücke mit einem herausragenden Design, aber auch solche, die sich auch aussehensmäßig kaum von der Billigkonkurrenz unterscheiden. Dass trotzdem viele Träger von SWATCH-Uhren von der Qualität und der Zuverlässigkeit dieser Produkte schwärmen, ist wohl eine zweitrangige Frage.

Was also erhält der Käufer für den höheren Preis? Die SWATCH ist ein kulturell aufgeladenes Produkt, rund um sie existiert ein multimediales Konstrukt, das dem Produkt ein hohes Ausmaß an öffentlicher Aufmerksamkeit verschafft: Die Uhren werden intensiv beworben und gleichzeitig über das Prinzip der angeblich limitierten Edition künstlich knapp gehalten. Es gibt Kataloge und Sammlervereinigungen, deren Mitglieder meinen, der Erwerb einer SWATCH stelle eine langfristige Investition dar – die große Zahl kompletter Jahreskollektionen von orignal verpackten SWATCH-Uhren, die zu einem Bruchteil des Originalpreises in Second-Hand-Läden erwerbbar sind, widerlegt diese Annahme.

Auch die SWATCH ist eine Koalition mit dem Zeitgeist eingegangen, sie ist ein Lifestyle-Produkt und hat es letztlich geschafft, ihrem Träger eine Art von »Auserwähltheitsgefühl« zu verschaffen. Vieles an ihrer öffentlichen Präsentation erinnert auf den ersten Blick an NIKE, doch gibt es grundsätzliche Unterschiede. Trotz des totalitären Anspruchs von NIKE ist deren Klientel limitiert, während die SWATCH in fast allen sozialen Milieus ihre Käufer gefunden hat. Die vom Namen der griechischen Siegesgöttin abgeleitete Marke für sportliche Accessoires steht für einen bei manchen Trägern fragwürdigen Anspruch auf Leistung; die SWATCH stellt keine Ansprüche an ihre Träger. Unter den zahlreichen Namen, die Hayek seinen Uhren gab, ist IRONY der aussagekräftigste: die ironische Mentalität gehört zur Postmoderne. Diese spezifische Aura der SWATCH gibt dem Träger die Erlaubnis, eine billige, im Extremfall geschmacklich fragwürdige Uhr, deren Zifferblatt mit Röschen und Herzen dekoriert ist, mit einer teuren Garderobe bei einem festlichen Anlass zu kombinieren – sie ist gesellschaftsfähig.

Das SWATCH-Beispiel hat eine hohe Aussagekraft für die Möglichkeiten, die sich ergeben, wenn ein Produzent einem Produkt durch kulturelle Aufladung eine neue Aura verleiht und der Käufer damit eine Art »kulturellen Mehrwert« lukrieren kann. Der Konsument zahlt das multimediale Konstrukt, mit dem diese Aura begründet wird – ja der Wiener Kulturphilosoph Richard Heinrich meint sogar, dass es in Wirklichkeit niemand gäbe, dem man die bloße Plastikuhr verkaufen könne, die Uhr sei gewissermaßen gratis, was man bezahle, sei die spezielle in ihre Präsentation investierte Kreativität.[128] Damit sind wir das erste Mal mit einer neuen Produktions- und Verkaufskultur konfrontiert, in der das Produkt sekundär geworden ist. Den vorläufigen Höhepunkt dieser Entwicklung, einer wichtigen Waffe der Industrie gegen die »Geiz ist geil«-Mentalität, stellt die Erlebnisökonomie dar.

Kampfzone 3: Industriell gefertigte Narrative geben den Gütern eine neue Aura

Elemente der SWATCH-Strategie, etwa die Kombination eines in manchen Fällen ausgefallenen Designs mit einer fantasievollen Namensgebung, sind mittlerweile Allgemeingut geworden. Es gibt zahlreiche alltägliche Geräte, die seit Jahrzehnten kaum Innovationen aufweisen, die langlebig sind und von Billigprodukten extrem konkurrenziert werden. Auf derartig heiß umkämpften Märkten wird kaum mehr mit Qualität argumentiert, sondern mit einer sprachlich abgestützten Aura. Der Erfolg ist hier keineswegs garantiert. So verkauft die Staubsaugermarke MIELE ihre »Designerstücke« unter dem Slogan »Emotional, begehrenswert – RED ROSES lässt Blumen sprechen!«. Es gibt den TRUE BLUE, den HOT CHOCOLATE und vor allem das BLACK MYSTERY – Namen, die sich hoffentlich dem Benützer erschließen. Wer bisher geglaubt hat, mit einem einzigen Staubsauger auszukommen, wird im MIELE-Prospekt eines besseren belehrt: Es gibt SUMMERTIME, das Sondermodell für den Sommer, es gibt PARCETT & CO., das königsblaue Modell für Parkett und Fliesen und für Tierbesitzer den Bodenstaubsauger CAT & DOG 700 – ein ungewolltes Geständnis über die mangelnde Fähigkeit der anderen Modelle, Tierhaare zu erfassen. Die kulturell aufgeladene Second-Watch hat es geschafft, dass viele Konsumenten mehrere Uhren für verschiedene Anlässe erwerben – doch der Erwerb mehrerer Staubsauger ist recht unwahrscheinlich und die Auswahl von MIELE wird die Kundschaft wohl eher verwirren.

Schon zwischen der öffentlichen Präsentation von NIKE und der von SWATCH lag ein grundlegender Unterschied darin, dass der Schweizer Konzern stärker auf kohärente sprachliche Gebilde setzte. Es sind nicht mehr die schnellen Bilder und die sie begleitenden Slogans, die das Image bestimmen, sondern das Teure (oder zumindest: das Teurere) und die wohlgesetzten Worte sind eine Koalition eingegangen; rund um eine SWATCH existieren nicht nur Slogans, sondern ganze »Narrative«.

Die Literarisierung der Handelswelt als Strategie einer sprachlichen Auratisierung ist naturgemäß am stärksten mit den Printmedien verbunden. Die Anbieter erfahren dabei eine regelmäßige Unterstützung durch spezielle Publikationen – Lifestyle-Magazine, die den gesetzlich verankerten Unterschied zwischen einer entgeltlichen Einschaltung und einem redaktionellen Bericht überhaupt ignorieren, und Fachzeitschriften, die Reportagen etwa über hochpreisige Uhren bringen und gleichzeitig mehrseitige Inserate der besprochenen Uhren enthalten oder die im Extremfall überhaupt exklusiv dem Luxuskonsum gewidmet sind.

Auch Kataloge des Versandhandels sind Ort, wo sich Narrative optimal entfalten können. Sie haben vor allem den Vorteil, dass Produkte, die etwa in einer Vitrine über eine geringe Ausstrahlungskraft verfügen, auf einem klug gemachten Foto um einiges attraktiver aussehen. Auch hier muss zunächst zwischen alltäglichen und außeralltäglichen Produkten unterschieden werden. Die Kataloge des Versandhauses OTTO sind zwar dick, geben aber kaum Produktinformationen und punkten mit Preis, Auswahl und Service. In anderen Sparten des Versandhandels ist eine möglichst intensive Produktinformation für den Konsumenten von hoher Bedeutung – das gilt vor allem für außeralltägliche Spezialprodukte wie das Zubehör von Segelbooten oder Bekleidung für Jagd und Alpinismus. Das folgende Beispiel, der Katalog des Versandhauses MANUFACTUM, bietet jedoch mehr als bloß qualitativ hochwertige Güter etwa für Jäger, Gärtner oder Segler an. Man kann dort so alltägliche Dinge wie eine Kinderrassel ebenso erwerben wie Möbel, einen Toaster, ein Schreibgerät, eine Tabakspfeife, einen Gartenschlauch oder ein spezielles Olivenöl. MANUFACTUM deckt Bedürfnisse aus allen Lebenslagen und für alle Alterstufen. Wer den Katalog mit dem eines konventionellen Versandhauses wie QUELLE vergleicht, absolviert einen Grundkurs in der Reauratisierung alltäglicher Gegenstände durch Narrative.

Der äußerst aufwendig gestaltete, mehrere hundert Seiten starke Katalog von MANUFACTUM steht unter dem Motto: »Es gibt sie noch, die guten Dinge«. Wer so von den »guten Dingen« spricht, wertet zunächst einmal vor allem durch das »noch« die Konkurrenz ab. Auch steckt eine gehörige Portion Eigenlob in dem Slogan: die »guten Dinge« befinden sich im Zeitalter der industriellen Massenproduktion zwar auf dem Rückzug, doch kann man ihrer – mit Hilfe von MANUFACTUM – »noch« habhaft werden. Der Katalog setzt dieses Bedürfnis nach den guten Dingen voraus, er gibt in gewisser Weise Lebenshilfe und begründet eine Beziehung zwischen den Menschen und den Dingen, die im Zeitalter der Massenproduktion eigentlich schon anachronistisch ist. Auch dieser Slogan überschreitet damit die Grenze zwischen Haben und Sein: Wer die raren guten Dinge kauft, gehört zu einem anderen – besseren – Menschenschlag. MANUFACTUM wendet sich scheinbar an das traditionelle Qualitätsmilieu, dürfte aber seine tatsächliche Zielgruppe unter »alternativen« Aufsteigern haben.

Die »guten Dinge« sind zunächst einmal äußerst teuer: eine ärmellose Sämischlederweste mit Leinenrücken kostet zwischen 710 und 780 Euro – das ist zunächst einmal das Zehnfache davon, was ein derartiges Stück bei dem auf Trachtenbekleidung spezialisierten Wiener Kaufhaus TEXHAGES außerhalb des Ausverkaufes kostet; als Schnäppchen wird das im urbanen Umfeld begrenzt einsetzbare Stück sogar um 19 Euro abverkauft. Worauf hat jener Käufer verzichtet, der sich 700 Euro erspart hat, und was hat der gewonnen, der 780 Euro gezahlt hat? Möglicherweise ist das billige Stück von schlechterer Qualität, doch solche Dinge trägt man eher selten und vielleicht wird der Käufer des Billigprodukts das ebenso wenig merken wie der Kunde von MANUFACTUM, der das Stück nicht so oft anziehen wird, dass seine Haltbarkeit sichtbar wird. Das Unternehmen hat in den Jahren seit seinem Bestehen eine gar nicht geringe Zahl von Textilien angeboten, die wohl mittlerweile die Kleiderschränke seiner Kunden verstopfen und diesen keinen Grund zur Entsorgung wegen Abnützung geben. Das Qualitätsargument rechtfertigt den Preis also nur begrenzt, die Weste wird nicht deswegen gekauft, weil sie gut ist, sondern weil sie von MANUFACTUM stammt. Wie ist es dem Versandhaus gelungen, selbst der entscheidende Grund zu werden, warum seine Produkte gekauft werden?

MANUFACTUM handelt mit Prestige, doch ist es nicht das auffallend Teure, das etwa eine LOUIS VUITTON-Tasche signalisiert, sondern das Unternehmen ist einen eigenen Weg gegangen: Der Katalog hat das Prinzip der Produktbeschreibung alltäglicher Gegenstände auf eine bisher unerreichte Höhe getrieben. Man vergleiche bloß die schlichte Beschreibung einer Kinderschaukel in einem QUELLE-Katalog mit einem Narrativ, das sprachliche Gebilde wie das Folgende enthält: »Klassischer Schaukelsitz aus Gummi mit Stahlkern«. Bei MANUFACTUM haben die meisten Produkte eine vielfache Geschichte, die sich entweder auf das komplizierte Auffinden bezieht oder aber die Herstellung detailverliebt beschreibt, wobei eine für die Werbung ungewohnt differenzierte Sprache verwendet wird. Das Original eines seit über 50 Jahren produzierten Zauberkastens mit »verschiedenen Kleinteilen aus Holz und Pappe« (59 Euro) »geht auf die glückliche Verbindung von handwerklicher Professionalität und ausgelebtem Hobby zurück: Johann Vierlinger, in dessen Nürnberger Drechslerwerkstatt schon 1875 zahlreiche Zauberartikel hergestellt wurden, war selbst leidenschaftlicher Anhänger und Könner der Zauberkunst.« Oder: Johann Klepper hat »1911 mit einer simplen, aber überaus effektiven Innovation bis heute gültige Maßstäbe im Faltbootbau« gesetzt, der badische Kapitän Franz Romer hat 1928 den Atlantik mit dem angebotenen Modell überquert, »ein Kraftakt, der 1956 von Hannes Lindemann noch übertroffen wurde«, das Boot ist sofort lieferbar und kostet 2750 Euro. Eine schlichte Sache wie eine Halteschlaufe, mit deren Hilfe man den aufgerollten Ärmel des »mittelschweren Wanderhemds« (134 Euro) festmachen kann, mutiert zu einer offensichtlich unerhörten »schnitttechnischen Besonderheit« und eine stabil brennende Petroleumlampe (49,50 Euro) »zählt zu jenen Legenden, die sich ihren Ruf durch eine geniale Konstruktion, eine unverwüstliche Verarbeitung und eine unerschütterliche Funktionalität erworben haben.« Selbst die schwarze »Gartenwanne Gummi« rechtfertigt den Umstand, dass sie mit 25 Euro das Sechsfache des gleichen Stücks von HOFER kostet, damit, dass sie »schlicht und einfach ergreifend schön« ist.

In einigen Fällen wird der hohe Preis durch die aufwändige Handarbeit erklärt: Von der Produktion eines Osterhasen aus Marolin, einem feinen Papiermachee (Höhe 42 cm, Preis 78 Euro), wird uns erzählt, dass sie bis zu zehn Wochen dauert; auch der Hase aus Sahne-Karamell von Hartmut Gerhard (120 Gramm, Preis 7,50 Euro) ist handgemacht. Viele von MANUFACTUM angebotene Güter werden in Kleinbetrieben hergestellt, von denen manche in der ehemaligen DDR situiert sind. Das Design der angebotenen Gegenstände ist – im Gegensatz etwa zu LAURA ASHLEY – ästhetisch keineswegs kompatibel und obwohl viele Produkte eine asketische Komponente aufweisen, als »überaus solide« angepriesen werden und so ins Feld der funktionalen Moderne gehören, gibt es keinen typischen MANUFACTUM-Stil. Es ist fraglich, ob die Teekanne, die dank eines kleinen Schlitzes im Schnabel nicht tropft, und zu der keine passenden Tassen angeboten werden, sich am Frühstückstisch optisch mit dem Salzstreuer verträgt. Einige der angebotenen Produkte scheinen nicht in die heutige Zeit zu passen – etwa Schreibgeräte aus einem frühen Kunststoff, der wohl nicht zufällig vom Markt verschwunden ist, oder Geräte, die eine veraltete Technologie aufweisen. Manche Gegenstände entstammen auch – trotz ihres heutigen hohen Preises – dem Fundus des »Arme-Leute-Konsums« der 30er Jahre des vorigen Jahrhunderts, manches wird in einer Weise angepriesen, wie sie zuletzt in den Gebrauchsanweisungen von Gegenständen aus der DDR verwendet wurde. Doch allen Gegenständen wird mit großem sprachlichen Aufwand ein qualitativer oder funktionaler Vorzug zugeschrieben, der in manchen Fällen für den Katalogleser nicht nachvollziehbar ist.

Sprachkünstler beschäftigt auch das ursprünglich in den USA beheimatete Versandhaus LAND'S END. Die Produktlinie gibt sich schlicht – trotz einer vom alltäglichen Anbot abweichenden Farbpalette und trotz gelegentlich exotischer Stücke wie etwa dem BALI BATIK SHIRT, dem HIBISKUS-SHIRT oder dem Textil nach ALOHA-ART; sie ist Innovationen gegenüber abwehrend und setzt auf klassische Textilien für Angehörige der Mittelklasse, die sich gerne »locker, aber korrekt« kleiden. Der Katalog richtet sich mit einer jeweils darin enthaltenen Erzählung eines renommierten Autors und zahlreichen Anspielungen in den Slogans (»Die schönsten Seiten des Strukturalismus: LAND'S END DRIFTER mit Zöpfen und Rippen«, oder, für ein Polo-Hemd: »Die neue Leichtigkeit des Seins«) an ein gebildetes Publikum. Die Preise sind um einiges moderater als die von MANUFACTUM, auch präsentiert sich das Unternehmen nicht als ein – wenn auch getarnter – Erzieher, sondern als Freund, der einem hilft, das Textil zu finden, das praktisch, wohlfeil, schön und vor allem komfortabel ist.

Gary Comer's Firmenphilosophie, die in jedem Katalog abgedruckt ist, beschwört Qualität, faire und ehrliche Preise, sowie

Zuverlässigkeit, Kompetenz und Einsatzbereitschaft des Personals. Ursprünglich hat die Firma – wie das amerikanische Stammhaus – mit dem aus der angeblich langen Haltbarkeit ihrer Produkte resultierenden Recht geworben, ein Stück »lebenslang« umtauschen zu dürfen, was ihr von den Hütern des deutschen Wettbewerbs untersagt wurde. Die Abstinenz von modischen Eskapaden und eben diese Haltbarkeit können als Konzession an die »neue Bescheidenheit« gelesen werden – LAND'S END respektiert diese Stimmung und bietet seinen Kunden eine »Mitte«.

Doch zentral ist auch hier der Prozess der Auratisierung durch Narrative. Wer den Katalog liest, wird mit Erstaunen feststellen, welch unendlich viele Distinktionen es in der Beschreibung von Stoff und Machart einer so schlichten Sache wie einem Polo-Shirt gibt. Der Wohl-Fühl-Effekt wird besonders hervorgehoben, man träumt in einem »seidig weichen Popeline-Pyjama ... in reiner Baumwolle aus solch feinem Garn, wie es sonst nur Anzughemden vorbehalten ist.« Immer gibt es ein hervorgehobenes Detail, das dem angepriesenen Stück seine Besonderheit gibt. Auch hier finden wir die Berufung auf die Tradition, etwa auf die ins 17. Jahrhundert zurückreichende irische Leinenweberei, die nicht nur ein enormes Know-how hervorgebracht hat, sondern vor allem vom irischen Wasser profitiert, welches den Stoff besonders weich werden lässt. Ungeachtet dessen erweist sich beim Auspacken, dass zahlreiche der Textilien ein Made In China-Etikett tragen.

MANUFACTUM wie auch LAND'S END attackieren mit Sprachgebilden, die dem angebotenen, in der Regel recht trivialen Produkt die Aura des außeralltäglichen zuschreiben, die Mentalität der Smart-Shopper. Die Haltung gegenüber dem Kunden ist allerdings sehr unterschiedlich – schon der MANUFACTUM-Slogan »Es gibt sie noch, die guten Dinge« enthält einen latenten Vorwurf, der den Smart-Shoppern wohlvertraut ist. Schämt Euch, ihr habt bisher Schund gekauft, billiges, hässliches, funktionswidriges, geschichtsloses Zeug aus fragwürdigen Materialien von geringer Haltbarkeit, das wahrscheinlich in China hergestellt wurde. Eure Behauptung, dass es einen generellen Qualitätsverfall gibt, ist eine Ausrede – ihr habt euch bisher nicht ordentlich informiert, wir wissen es besser und jetzt leistet gefälligst Buße und kauft unsere teuren Stücke. Tatsächlich verlangt MANUFACTUM in vielen Fällen von seinen Kunden einen hohen Vertrauensvorschuss – vor allem angesichts des Umstandes, dass etwa der Unterschied zwischen einem Küchenhakensystem von TCHIBO, einem von der Firma WMF und einem von MANUFACTUM auf den ersten Blick nicht sichtbar ist, die Preise allerdings deutlich divergieren. LAND'S END hingegen verzichtet auf die Erziehung seiner Kunden und versucht, sie zu verführen. Eine Kombination von beiden Haltungen finden wir in der »Experience Economy«.

Kampfzone 4: Der Dienstleistungssektor als letzte Bastion der Großzügigkeit

Ein Merkmal der Konsumkritik war eine recht pauschale Sichtweise der Erwerbsakte der Konsumenten – Konsum ist Konsum, und es liegt kein Unterschied darin, ob jemand einen Apfel, ein Hemd oder ein Auto kauft oder seinen Kaffee in einem Kaffeehaus zu sich nimmt. Doch innerhalb der Konsumwelt gibt es eine Hierarchie, die am deutlichsten in der Wertschöpfung sichtbar wird: Diese ist bei Rohprodukten gering, steigt, wenn diese weiterverarbeitet und in ein Handelsgut verarbeitet werden, und steigt nochmals, wenn die Ware mit einer Dienstleistung verbunden ist oder diese gar dominiert. Der Käufer einer Ware erwirbt etwas Greifbares, Messbares und leicht Vergleichbares; der Käufer einer Dienstleistung erwirbt eine Kombination von Tätigkeiten, die auch die Bereitstellung von Gütern enthalten kann, die aber ansonsten ungreifbar ist. Zahlreiche Bereiche des Dienstleistungssektors, vor allem in der Freizeitwirtschaft, sind damit zu zeitgemäßen Adaptionen des Fromm'schen »Seinsmodus« von geworden.

Der Dienstleistungssektor ist eine traditionelle Kampfzone gegen die Mentalität der Billigkäufer. Bei Urlaubsreisen »schaut man nicht aufs Geld«. Die Umstellung der PREUSSAG, eines legendären Konzerns der Schwerindustrie, in die TUI, ein Dienstleistungsunternehmen der Reisebranche, wird derzeit noch kontrovers bewertet, TUI hat nicht den erwarteten Gewinn eingefahren und es gibt Verkaufsgerüchte. Dennoch hatte diese Umwandlung hohe symbolische Bedeutung. Interessant ist das von Michael Frenzel, dem Vorstandsvorsitzende von TUI, benannte zentrale Motiv der Umstellung: »... das Schnäppchenjagen, das Geiz-ist geil-Thema, all diese Entwicklungen haben einen Trend ausgelöst, der, glaube ich, nicht mehr umkehrbar ist. Das führt dazu, dass die klassische Preis-Leistungs-Kurve der Vergangenheit angehört.«[129] Die neue Preis-Leistungs-Kurve findet Frenzel im Dienstleistungssektor, die Marke TUI stünde für »Reisen und Lebensfreude« und sei daher für die »Goldies« besonders attraktiv: Die Altersgruppe zwischen 45 und 65, die gerade in einer demografischen Wachstumsphase steckt, finanzkräftig ist und sich für die Bereiche Wellness und Städtetourismus interessiert.

Doch der einfache Umstieg in den Dienstleistungsbereich löst keines der Probleme, derentwegen er unternommen wurde. Der 11. September, SARS und das angebliche Angstsparen der Bevölkerung haben dem Ferntourismus kräftig zugesetzt. Fernreisen garantierten in der klassischen Periode der Konsumgesellschaft Prestige, diese Verknüpfung existiert mittlerweile nicht mehr und auch exotische Destinationen sind für viele erschwinglich. Auch unter den Touristen gibt es mittlerweile Schnäppchenjäger und ihre Partner sind uns schon aus anderen Handelssegmenten bekannt: Billigflüge und Reisen werden im Katalog des Supermarktes, des Kaffeehändlers, ja sogar der Tankstelle angeboten. TCHIBO etwa hat im Jahr 2002 rund 75 000 Reisen zum Durchschnittspreis von 540 Euro verkauft, das sind 80 Prozent mehr als im Vorjahr; für das Jahr 2003 wird ein Umsatz von 100 000 angepeilt. Die Buchungen erfolgen zu einem Drittel übers Netz, die Wiederbuchungsrate liegt dem Unternehmen zufolge bei 97 Prozent.

Die Direktanbieter verkaufen »Weiße Ware«, also Restkontingente, welche die Veranstalter nicht unter ihrem Namen anbieten wollen. Ihr Angebot besteht keineswegs nur aus minderwertigen Angeboten, sondern der kundige Tourist kann darunter auch Veranstaltungen finden, die in konventionellen Katalogen kaum auftauchen: Die Supermarktkette KAISERS etwa bietet im Zug ihrer neuntägigen Dubai-Reise eine Nacht in einer 170 Quadratmeter großen Luxussuite. Hier wurde eine weitere Verknüpfung gelöst: Wie in den Factory-Outlets werden prestigeträchtige und am Markt hochpreisige Güter billig angeboten. Ermöglicht wird das durch die Flexibilität der Direktanbieter, die an keine Auslastungsgarantien gebunden sind, deren Programm limitiert ist und die auf Spontanbucher setzen. Deren »Ökonomie der Aufmerksamkeit« ist ebenso gefordert wie ihre Kompetenz: Es empfiehlt sich, die Kataloge der Direktanbieter, welche die teure Beratung im konventionellen Reisebüro ersetzen, genau zu studieren. Ähnlich wie bei den Discountern bringt auch hier die Reduktion des an die Logistik teure Ansprüche stellenden, verwirrenden und daher Beratungsbedarf schaffenden Angebots dem Konsumenten finanzielle Vorteile, die von wachsenden Gruppierungen genützt werden. Ein persönlicher Ansprechpartner vermittelt eine Form von Sicherheit, auf die viele Konsumenten nicht verzichten wollen, das konventionelle Reisebüro wird also nicht so bald aussterben, doch seine Umsätze werden abnehmen.[130] Zudem nimmt eine wachsende Zahl von Konsumenten ihre Urlaubsorganisation selbst in die Hand und bucht ohne Zwischenhändler über das Netz. Auch hier gibt es das schon mehrmals besprochene hybride Verhalten: Etwa den Touristen, der dem Billigflug um 19 Euro nachjagt und dann ein Hotel um 350 Euro bucht.

Dennoch stimmt die These, dass im Dienstleistungssektor sichtbar wird, dass der Panzer von »Geiz ist geil« dort Lücken hat, wo es um profanisierte Formen des Seinsmodus geht. Immer noch boomen Urlaubsarten, die sich deutlich absetzen vom Massentourismus – Abenteuerreisen, Verwöhnurlaube mit Ölbädern und Massagen zu fernöstlicher Musik. Auch in der immer noch über ein Wachstumspotenzial verfügenden Fitnessbranche, der unerwarteten Renaissance des Sports, und der Wellness-Bewegung werden Dienstleistungen teuer bezahlt und offensichtlich der Habensmodus zugunsten des Seinsmodus zurückgestellt. Das kann sich allerdings ebenso schnell ändern wie im Bereich des konventionellen Tourismus. Fitnessstudios und Wellness-Hotels ist es gemeinsam, dass sie – wie die Öko-Läden – derzeit noch stark kleingewerblich organisiert sind, was hohe Kosten im Geräteeinkauf und beim Trainingspersonal mit sich bringt, das entweder auf Zeitvertrag arbeitet oder unnötig herumsteht. Es zeigt sich, dass Fitnessstudio-Ketten mit standardisierter Architektur und Gerätekauf in größerer Menge buchstäblich um einen Bruchteil der Monatskosten ihren Kunden ein Training rund um die Uhr anbieten können. Hier steht also eine große Marktbereinigung noch bevor. Das gleiche gilt für Wellness-Hotels im nationalen oder im Übersee-Bereich: Auch diese Sparte ist dominiert von idealistischen Pionierunternehmern, die zwar im besten Fall die Konsolidierung schaffen werden, aber kaum die auf längere Frist interessante Expansion. Sobald sich große Ketten der Fitness und Wellness annehmen werden, wird auch dieser Bereich seine Resistenz gegen die Smart-Shopper und die »Geiz-ist-geil«-Mentalität verlieren.

Kampfzone 5: Die Erlebnisökonomie – nicht das Produkt zählt, sondern das Erlebnis rund um seinen Erwerb

Trotz der offenkundigen Bereitschaft der Konsumenten, dort, wo es um den Seinsmodus geht, ihren Geiz hintanzustellen, zeitigt die Umstellung letztlich auf eine an Dienstleistungen orientierte Wirtschaft ebenso wenig Erfolg im Kampf von Industrie und Handel gegen die Billigkäufer wie der früher beschriebene Versuch, das alte Markendenken neu zu beleben. Die letzte hier beschriebene Kampfzone liegt in dem Feld, wo der Dienstleistungsbereich jene Erfahrung nützt, die wir bei der Reauratisierung von Gütern durch Narrative beschrieben haben: Dass es möglich ist, Konstellationen zu schaffen, in denen das Produkt trotz der Qualitäten, die ihm zugeschrieben, und der Geschichten, die rund um es erzählt werden, eine zweitrangige Rolle spielt.

Es liegt wohl als konsequente Fortführung dieses Prozesses nahe, dass sich eine neue ökonomische Schule etabliert hat, in der das Produkt in einer derart untrennbaren Weise mit Dienstleistungen verbunden ist, dass es fast völlig verschwindet. Das Modell artikulierte sich vorwiegend in den USA und nennt sich »Erlebnisökonomie« (Experience-Economy). Auch in Deutschland und Österreich wird das Wort mittlerweile inflationär verwendet, ohne dass die Realisierungen allerdings dem amerikanischen Standard entsprechen. Selbst ländliche Freibäder enthalten heute nach dem Umbau etwas, was großspurig »Erlebniszone« genannt wird, und im besten Fall aus einem Sprudelbad und einer kleinen Anlage besteht, die eine Art »gegen-den-Strom-Schwimmen« ermöglicht. Es ist sicher eine Verbesserung der Lebensqualität, wenn ein im Büro aufgestellter Kaffeeautomat einen Karamell-, Vanille- oder gar Schoko-Orange-Kaffee anbietet – doch der Erlebniswert von Papp- oder Plastikbechern, dem obligaten Accessoire jedes Getränkeautomaten, ist nicht ganz einsichtig. Daran ändert auch ein Inserat mit der Headline »Café-Luxus im Büro« nichts, das die Geschäftsführerin des das Gerät anbietenden Unternehmens zeigt, und auch nicht das Foto eines Wiener Universitätsprofessors, der mit dem Satz zitiert wird: »Kaffeekonsum wird mehr und mehr zum Erlebniskonsum, und Kaffeespezialitäten stellen einen wesentlichen Trendfaktor dar.«[131]

Es gibt viele miteinander konkurrierende Schlagwörter, die – wie vormals das von der Konsumgesellschaft – unsere Gesellschaft aus einem Blickwinkel definieren wollen: postindustrielle Gesellschaft, Dienstleistungsgesellschaft, Wissensgesellschaft, Risikogesellschaft. Guy Debord, der Cheftheoretiker der *Situationistischen Internationale* hat schon 1967 das Wort von der »Gesellschaft des Spektakels« geprägt und der Zukunftsforscher Alvin Toffler hat 1970 in seinem Buch *Der Zukunftsschock* den »Erlebnismachern« ein Kapitel gewidmet. Damit begann die Konjunktur des Wortes »Erlebnisgesellschaft«. Der deutsche Kultursoziologe Gerhard Schulze hat diesem Gesellschaftstypus 1992 eine richtungsweisende Monografie gewidmet. Die alten Distinktionen, die »feinen Unterschiede«, die mit Bildung und Einkommen korrelieren, gelten seiner Untersuchung zufolge heute nicht mehr – das Streben nach »Erlebnis« eint die sozialen Milieus, deren Lebensstil sich ansonsten durchaus unterscheidet. Schulzes Befund, das Leben sei schlechthin ein Erlebnisprojekt geworden, liefert die gesellschaftliche Folie der Erlebnisökonomie; sie nutzt ihn für ihren Versuch, einen Ausweg aus der »Massengüterfalle« und jener ständigen Entwertung der Dinge zu finden, von der die Smart-Shopper profitieren.

Der Übergang zur Erlebnisgesellschaft hat das Potenzial, die Welt der Dinge umzukrempeln. Eine Gesellschaft des Überflusses setzt auf der unbestrittenen Basis dieses Habens ihre Prioritäten neu und investiert in ein Sein, das sich Erlebnis nennt. Die Frage nach dem Wert eines Gutes stellt sich damit neu. Die Vertreter der Marken hatten im Sinne der klassischen Ökonomie einen objektiven Wertbegriff vertreten und als Grundlage für den Preis reklamiert. Doch schon die Ähnlichkeit zwischen einem Markenprodukt und einer Eigenmarke bzw. die Orientierung mancher Konsumenten an Image und Prestige hatten wieder einmal die Frage nach der subjektiven Komponente des Wertes gestellt.

Schon Adam Smith hatte die im Produktionsprozess aufgewandte Arbeit als den »wahren Maßstab des Tauschwertes aller Waren« bestimmt. So unterschiedliche Denker wie John Stuart Mill und Karl Marx meinten im 19. Jahrhundert, dass die Diskussion rund um den Wert eines Gutes definitiv entschieden sei. »Wert« und »aufgewandte Arbeitszeit« würden zwingend korrelieren und das Marxsche »Naturgesetz« vom Arbeitswert regelte »den Warentausch unabhängig vom Willen der Agenten der modernen Gesellschaftsordnung«[132]. Dieses Naturgesetz gibt der Arbeit der Produzenten den zentralen Platz in der Wertschöpfung. – »Alle Räder stehen still, wenn Dein starker Arm es will«, ist ein Basistheorem des Dahrendorfschen »Sozialdemokratischen Jahrhunderts«, das allerdings schon von der fortschreitenden Mechanisierung, der Dienstleistungs-, und der Wissensgesellschaft in Frage gestellt wurde.

Den Dienstleistungsbereich hatte Adam Smith noch ein »notwendiges Übel« genannt und von den »unproduktiven Arbeitern« (»Schauspieler, Narren, Musiker, Sänger, Tänzer usw.«) nicht viel gehalten. Doch gerade sie und ihre Kreativität sind es, die in der Erlebnisökonomie mit ihrer Verschmelzung von Kultur, Kunst und Wirtschaft zentral stehen. Die konsequente Erlebnisökonomie versteht sich keineswegs als Verkaufshilfe einer traditionellen Ökonomie – ihre radikalen Theoretiker sind Anhänger von Joseph Schumpeters Ansatz der »schöpferischen Zerstörung«: Wer Wirtschaftszweige und Industrien älterer Sektoren besonders fördert, verzögert den notwendigen Strukturwandel und vernichtet dadurch potenzielle Wertschöpfung in neuen Sektoren.

Diese neuen Sektoren organisieren sich rund um einen subjektiven, am Verbraucher orientierten Wertbegriff. Subjektive Theoretiker des Wertes gibt es nicht erst seit dem Aufklärer Condillac; in der Vorgeschichte der Erlebnisökonomie sind wohl Carl Menger, Eugen von Böhm-Bawerk und die österreichische Schule der Nationalökonomie die wichtigsten. Die ökonomischen Gesetze, so ihre Neuerung, ergeben sich aus den individuellen Bedürfnissen und dem Vorrat an Gütern zu ihrer Befriedigung. Vor allem Böhm-Bawerks Denken enthielt für diejenigen, die der damals dominierenden Bestimmung des Wertes durch den Marxismus nahe standen, eine ungeheure Provokation: Wegen seiner Angewohnheit, in seinem Wertbegriff von der Produktion zu abstrahieren, nannte der Marxist Bucharin seine Kritik an ihm *Die politische Ökonomie des Rentners*. Tatsächlich fügt Böhm-Bawerks Denken allen am Produktionsprozess beteiligten – nicht nur Bucharins Arbeiterklasse – eine hohe narzisstische Kränkung zu: Für die Wertbestimmung, die der Konsument vornimmt, steht deren Arbeit nicht zentral. Böhm-Bawerks Idee, dass der Preis die Resultante aus der subjektiven Bewertung von Käufer und Verkäufer bilde, hat gegen einen fast geschlossenen Konsens verstoßen: dass der Wert als Tauschnorm gedacht ist und der Wertbegriff zur Erklärung des Preises dient. Seine Kritiker warfen ihm vor, dass er Wert und Gebrauchswert vermenge und dass seine am subjektiven Nutzen in einer gegebenen Situation orientierte Lehre eher in das Gebiet der Psychologie als das der politischen Ökonomie falle. Doch das im Wien der letzten Jahrundertwende vorherrschende psychologische Denken war an wirtschaftlichen Fragen kaum interessiert und Ernest Dichter hat ihm zu Recht vorgeworfen, dass es die »Seele der Dinge« übersehen hätte. Was vor 100 Jahren als methodischer Fehler kritisiert wurde, erweist sich für eine Gesellschaft, die an einem Überfluss austauschbarer Güter leidet, als richtungsweisend.

Die geschlossenste ökonomische Anwendung der von Schulze diagnostizierten Ästhetisierung der Gesellschaft als Folge der Orientierung am »Erlebnis« verdanken wir dem amerikanischen Ökonomen P. Joseph Pine. Pines erstes erfolgreiches Buch, *Mass-customisation* (Individualisierte Massenproduktion), versucht zu zeigen, wie die Industrie sich den Kräften entziehen kann, die ihr Angebot in Massenware verwandeln. Pine zeigt, dass austauschbare Güter, die nur noch über den kleinsten Preis verkauft werden können, durch Individualisierung höhere Wertschöpfung erzielen. Sein im Jahr 2000 auf Deutsch erschienenes, gemeinsam mit James H. Gilmore verfasstes Buch, *Erlebniskauf*, mit dem aussagekräftigen Untertitel *Konsum als Ereignis, Business als Bühne, Arbeit als Theater* bezeichnet die Inszenierung eines Erlebnisses als das zentrale Element dieser Individualisierung. Das alte Ziel der funktionalen Moderne – das beste Produkt zum niedrigsten Preis – ist für Pine gescheitert und hat eine Entwertung der Güter plus einer drohenden Massenarbeitslosigkeit verursacht. Für Pine zählt nicht das Produkt, sondern das subjektive Erleben des Kunden beim Erwerb – die Aufgabe des Unternehmers liegt darin, dieses Erlebnis zustande zu bringen, wobei Kreativität und kulturelles und künstlerisches Knowhow zum Einsatz kommen. Schon in Sparten der Dienstleistungsgesellschaft und im konventionellen Marketing waren die Sphären von Wirtschaft und Kunst nicht von einander getrennt, Pine geht insofern weiter, als er das Erlebnis als eigenständige ökonomische Kategorie bestimmt. Zwei bisher strikt getrennte Sphären müssen hier voneinander lernen: die kreative Intelligenz muss wirtschaftlich denken, Wirtschaftstreibende müssen ästhetische Kategorien in ihr Denken einbeziehen. Die Boheme entdeckt die protestantische Leistungsethik und wird von der Wirtschaft als gleichberechtigter Partner akzeptiert. Das Wort vom »König Kunde« ist weit verbreitet, die Erlebnisökonomie zeigt, wie schwierig es ist, einen Kunden tatsächlich in einen König – wenn auch nur für kurze Zeit – zu verwandeln, und dass es dazu mehr bedarf als bloß eines freundlichen Personals.

Pine schreibt vom Standpunkt der Industrie und des Handels, denen er gigantische Wertzuwächse verspricht. Von einem bestimmten Punkt aus betrachtet, argumentiert auch er mit einer Vorstellung von Gerechtigkeit und Fairness. Wir sind immer wieder auf Konstellationen gestoßen, in denen Konsum über sich hinausweist, etwa wenn er dem Psychoanalytiker Muensterberger zufolge existenzielle Lücken schließt. Warum, so könnte man fragen, wird diese Leistung nicht honoriert, ja ist es nicht möglich sie zur Basis einer neuen wirtschaftlichen Denkweise zu machen? Wenn es Menschen gibt, die einen Besuch bei IKEA als Freizeitvergnügen betrachten – warum soll das Unternehmen nicht von diesem Bedürfnis profitieren?

Pine illustriert seine Konzeption von den Gewinnmöglichkeiten durch die neue ökonomische Denkweise gerne am Beispiel der Kaffeebohne: Das Unternehmen, welches das Rohprodukt produziert, verdient pro konsumierter Tasse 1 bis 2 Cents, als verpacktes Handelsgut steigt der Preis für den Endverbraucher auf 5 bis 25 Cents, im Kaffeehaus an der Ecke, verbunden mit einer Dienstleistung, liegt er zwischen 50 Cents und einem Dollar. Ist der Konsum mit einem Erlebnis verknüpft, dann liegt der Preis, den der Käufer willig zahlt bei 2 bis 5 Dollar.[133]

Was die Konsumenten an Geld für Massengüter und Dienstleistungen sparen, geben sie gerne für einprägsame und als wertvoll betrachtete Erlebnisse aus und daher wiederholt Pine gebetsmühlenartig und mit unzähligen Beispielen illustriert seinen Ratschlag: »Die Hersteller müssen ihre Güter mit Erlebnissen verknüpfen.« Selbst die gewöhnlichsten Transaktionen können – eine theatralische Einkaufsumgebung und ein den Verkauf als schauspielerische Aufgabe praktizierendes Personal vorausgesetzt – unvergessliche Erlebnisse werden. Der Soziologe Erving Goffman war wohl der erste, der in seinem 1959 publizierten Buch *The Presentation of Self in Everyday Life*[134] die Prinzipien des Theaters auf die Arbeit und auf soziale Situationen anwandte. Das Wort »Theater«, so der sich auf Goffman beziehende Pine nachdrücklich, sei dabei keine Metapher, sondern ein Modell, und konsequenterweise bietet er sogar Anwälten eine schauspielerische Ausbildung an, die jede Interaktion mit ihren Klienten in eine noch nie da gewesene Theateraufführung verwandeln. Auch Ärzte tun gut daran, am Krankenbett »in theatralischer Manier« zu agieren, und eines der von ihm referierten Beispiele handelt von einem Unternehmen, das Theatergruppen engagiert, um Geschäftssitzungen in unvergessliche Erlebnisse zu verwandeln. Vom Standpunkt des Konsumenten her betrachtet, stellt sich dabei die Frage, ob der theatralisch perfekte Anwalt den Prozess auch gewinnen wird. Pine bleibt hier dunkel – in seinen Beispielen ist das mit dem Haben verbundene Qualitätsargument sekundär im Vergleich zum Sein, das seine Schüler vermitteln.

Erlebnisse entstehen auch durch Verknappung der Güter, durch multiple Inszenierungen sogenannter »Gütereereignisse«, durch Verwandlung eines beliebigen Ort des Konsums in einen besonderen und schließlich durch Verführung der Konsumenten zur Realitätsflucht. Jeder Einkauf organisiert sich nach einer eigenen Dramaturgie, das Erlebnis muss möglichst alle fünf Sinne beschäftigen und dabei eine kohärente Erzählung illustrieren, die den Konsumenten, unterstützt von den schauspielerisch agierenden Verkäufern, zum Beteiligten macht. Aufgabe des Unternehmens ist es, alles zu beseitigen, was vom Thema ablenkt, und für Hinweise zu sorgen, die das Wesen der Erfahrung unterstreichen. Entgegen den Tendenzen der Postmoderne zur Fragmentierung bietet Pine seinen Kunden geschlossene Erlebnisensembles. Er referiert weder auf die aristotelische Katharsis noch auf das Wagnersche Konzept des Gesamtkunstwerkes, doch vor allem dessen Einfluss ist unübersehbar und stand auch bei Pines Referenzsystem – den Themenparks des Walt Disney – Pate.

Das konsequent individualisierte Erlebnis verändert den Kunden und damit auch seine Konsumverhalten derart nachhaltig, dass letztendlich der Kunde selbst zum Produkt wird. »Nichts ist wichtiger als jene Klugheit, die für die Verwandlung der Kunden benötigt wird.«[135] Mit Erlebnissen wird dem Kunden die Angewohnheit des Smart-Shoppens ausgetrieben. Pine erzieht seine Kunden wie MANUFACTUM und wenn er behauptet, dass Erlebnisse das neue ökonomische Gut seien, nach dem die Konsumenten suchen, dann appelliert er auch an den Prestigewert seiner Inszenierungen.

In der neuen Handelswelt des Joseph Pine hat die Mentalität von »Geiz ist geil« keine Chance, nichts ist hier kostenlos, ja der Autor tadelt Läden, wie etwa den WALT-DISNEY-STORE in New York, die keinen Eintritt verlangen und damit ihren Kunden ein Erlebnis nicht in Rechnung stellen. Der Prestigewert des »Teuren« hat auch eine Dimension, die Hegel und Veblen ignoriert haben. Der erzielte Preis bestimmt den Selbstwert des Anbieters: »Du bist, was Du in Rechnung stellst.« Pines finale Vision geht sogar dahin, dass Einkaufszentren derart ästhetisiert sind, dass der bloße Eintritt gegen Entgelt erfolgt. Die Höhe des Preises, so Pine, bemesse sich daran, welchen Wert die spätere Erinnerung an das Erlebnis für den Kunden hat. Das klingt kundenbezogen, doch tatsächlich ist der perfekte Erlebnisunternehmer derjenige, der festsetzt, was der Kunde braucht – das lästige Element der Wahl ist ausgeschaltet, der Kunde bekommt genau das, was er will, inklusive von genau auf ihn zugeschnittenen Überraschungen.

Wer außer dem Besuch der recht harmlosen Erlebnisparks des Walt Disney oder einem Abendessen in einem amerikanischen Themenrestaurant keine Erfahrungen mit der Erlebnisökonomie hat, kann sich nur schwer vorstellen, dass eine Fiktion, etwa der Einkauf einer Antiquität aus dem 19. Jahrhundert in einem der Zeit entsprechend eingerichteten Laden und einem sich entsprechend verhaltenden Personal, jene involvierende Kraft hat, die Pine ihm zuschreibt. Die beste hierzulande zugängliche Illustration von Pines Thesen ist immer noch David Finchers Film *The Game* nach einem Drehbuch von John Bracato und Michael Ferris. Das Geburtstagsgeschenk, das der von Michael Douglas gespielte Nicholas Van Orton von seinem jüngeren Bruder (Sean Penn) bekommt, ist eine Dienstleistung, ein Rollenspiel, das von einer Firma organsiert wird, unter deren Personal wir Armin Mueller-Stahl erkennen. In ein »Erlebnis«, das Van Orton sein Leben lang nicht vergessen wird, verwandelt es sich dadurch, dass die Grenze zwischen Realität und Fiktion weder für den Zuschauer noch für Van Orton durchschaubar ist und vor allem dadurch, dass es um dessen Leben zu gehen scheint. Vor allem dürfte Van Orton mit dieser Extremerfahrung, an der eine unüberblickbare Zahl von Menschen beteiligt ist, wirklich genau das bekommen, was ihm gut tut und am Ende des Filmes hat sich möglicherweise sein Charakter geändert. Doch kann sich solches beim Antiquitätenkauf ereignen?

Die Erlebnisse, die Pine offeriert, sind letztlich Fälschungen, doch eine gute Fälschung kann besser sein als die Realität. Dennoch stellen sich hier mehrere Fragen: Ist es durch einen Besuch in einem »Regenwald-Restaurant« tatsächlich möglich, eine unvergessliche Erinnerung zu erwerben? In der Konzeption Pines ist dieses Erlebnis nicht an den begleitenden Menschen gebunden. Doch wenn man einen solchen Besuch zu zweit unternimmt, dann ist die Unvergesslichkeit möglicherweise an die begleitende Person gebunden und allfällige Wiederholungen sind von der Beziehung zu ihr abhängig. Und weiter: Wenn dieses Erlebnis tatsächlich unvergesslich ist, warum soll man es dann wiederholen? Wird die Wiederholung den Erlebnischarakter nicht veralltäglichen? Die Erlebnisökonomie hat also ein Permanenzproblem, sie muss sich – wenn sie nicht eine Nischenexistenz führen will – ständig steigern. Für den Konsumenten ist sie wahrscheinlich die teuerste Alternative zu »Geiz ist geil« und sie setzt jene prosperierende Wirtschaft voraus, die zu schaffen Pine verspricht. Die amerikanische Experience Economy ist möglicherweise eine ähnliche Luftblase wie die New Economy. Vor allem stellt sich die Frage, ob eine allzu starke Abhängigkeit von kommerziell produzierten Erlebnissen nicht ein Zeichen innerer Verarmung ist. Gerhard Schulze hat einmal angemerkt, dass die Erlebnisorientierung ein hohes Enttäuschungspotenzial in sich birgt. Doch der größte Gegner im forcierten Versuch der Pineschen Erlebnisökonomie, der Mentalität des billig Kaufens eine Barriere entgegenzusetzen, ist eine alte sprichworthafte Erkenntnis: »The best things in life are free.«

Anmerkungen

1. Kapitel:

[1] Vgl. Raymond Loewy: Hässlichkeit verkauft sich schlecht, Düsseldorf–Wien 1992, 192f.

[2] Max Weber: Aus den Schriften zur Religionssoziologie, hg. von M. Ernst Graf zu Solms, Frankfurt/M. 1948, 52

[3] Ebd., 46

[4] Ebd., 44

[5] Ebd., 58

[6] Max Weber: Soziologie – Weltgeschichtliche Analysen – Politik, Stuttgart 1956, 359

[7] Weber: Aus den Schriften zur Religionssoziologie, a.a.O., 60

[8] Ebd., 66

[9] Gustavus Myers: Money. Die großen amerikanischen Vermögen, Frankfurt/M. 1979, 312f.

[10] Weber: Aus den Schriften zur Religionssoziologie, a.a.O., 59

[11] Gerhard Schulze: Die beste aller Welten. Wohin bewegt sich die Gesellschaft im 21. Jahrhundert? München 2003, 51

[12] Francis Fukuyama: Der große Aufbruch. Wie unsere Gesellschaft eine neue Ordnung erfindet, Wien 2000, 315

[13] Thorstein Veblen: Theorie der feinen Leute. Eine ökonomische Untersuchung der Institutionen, Köln–Berlin o. J., 47

[14] Ebd., 154, 103

2. Kapitel:

[15] Norbert Bolz: Das Konsumistische Manifest, München 2002

[16] Pier Paolo Pasolini: Freibeuterschriften, Berlin 1978

[17] Marx–Engels-Werke (MEW), Ergänzungsband 1, 547

[18] Herbert Marcuse: Der eindimensionale Mensch, Neuwied 1967, 14

[19] Ebd., 25

[20] Ebd., 26

[21] Ebd., 27, 32

[22] Ebd., 19

[23] Vance Packard: Die geheimen Verführer. Der Griff nach dem Unbewussten in Jedermann, Düsseldorf 1958

[24] Ernest Dichter: Strategie im Reich der Wünsche, München 1964, 8

[25] Ebd., 58

[26] Ebd., 46

[27] Ebd., 57

[28] Friedrich Erdmann Petri: Handbuch der Fremdwörter in der deutschen Schrift- und Umgangssprache, Gera 1896, 519

[29] Pasolini, a.a.O., 20

[30] Ebd., 29

[31] Ebd., 33

[32] Ebd., 36

[33] David Ogilvy: Geständnisse eines Werbemannes, Wien–Düsseldorf 1964, 191

[34] Pasolini, a.a.O., 36

[35] Vgl. dazu Rolf Degen: Umtauschrecht rächt sich, in: Frankfurter Allgemeine Zeitung, 9. 4. 2003, Nr. 84, Seite N 1. Degen bezieht sich auf eine Studie Gilberts in: Journal of Personality and Social Psychology, Bd. 82, 503

[36] Schulze, a.a.O., 61

[37] Erich Fromm: Haben oder Sein. Die seelischen Grundlagen einer neuen Gesellschaft, Stuttgart 1976, 12

[38] Ebd., 29

[39] Ebd., 35f.

[40] Ebd., 146

[41] Ebd., 57

[42] Georg Simmel: Philosophie des Geldes, Köln 2001, 41

[43] Gerhard Hofer: Freizeit ist uns bald wichtiger als Beruf, in: Die Presse, 28. 4. 2003, 15

[44] Sigmund Freud: Gesammelte Werke Bd. 7, 23–30

[45] Karl Abraham: Gesammelte Schriften, hg. v. Johannes Cremerius, Frankfurt/M. 1982, Bd. II, 115

[46] Ebd., 118

[47] Ernest Jones: Die Theorie der Symbolik und andere Aufsätze, Frankfurt/M.–Berlin–Wien 1978, 133

[48] Ebd,, 133

[49] Ebd., 134

[50] Abraham, a.a.O., 115–119

[51] Jones, a.a.O., 136ff.

[52] Sandor Ferenczi: Zur Ontogenie des Geldinteresses in: ders.: Bausteine zur Psychoanalyse, Bd. I, Theorie, Frankfurt/M. 1984, 119

[53] Wilhelm Reich: Charakteranalyse. Technik und Grundlagen für Studierende und praktizierende Analytiker, Berlin 1933, undatierter Reprint, etwa 219f.

[54] Vgl. etwa Wolfgang Harsch: Die psychoanalytische Geldtheorie, Frankfurt/M. 1998

[55] Sigmund Freud, Geleitwort zu: John Gregory Bourke: Das Buch des Unrats, Frankfurt/M. 1992, 5
[56] Otto Fenichel: Der Bereicherungs-Trieb, in: ders.: Aufsätze Bd. II., hg. v. Klaus Laermann, Frankfurt/M. 1985, 100–121, hier 112
[57] Werner Muensterberger: Sammeln. Eine unbändige Leidenschaft. Psychologische Perspektiven, Berlin 1995, 39
[58] Ebd., 365
[59] Ebd., 364
[60] Ebd., 369
[61] Claus Ruda: Der gefesselte Mensch. Neurose und Gesellschaft, Frankfurt/M.–Berlin 1986, 146
[62] Ebd., 148
[63] Ebd., 149
[64] Ebd., 201
[65] Vgl. dazu: Alfred Pfabigan, Die Enttäuschung der Moderne, Wien 2000

3. Kapitel:

[66] Vgl. dazu: Peter Körfer-Schün: Gleichgewicht ist alles, in: Marken. Image, Produkt, Unternehmen. Verlagsbeilage zur Frankfurter Allgemeine Zeitung (in Hinkunft: FAZ) vom 25. 6. 2003, B7
[67] Vgl. dazu: Die Mitte als großer Verlierer, in: Die Presse, 23. 1. 2003, 19
[68] Körfer-Schün, a.a.O.
[69] Naomi Klein: No logo! Der Kampf der Global Players um Marktmacht. Ein Spiel mit vielen Verlierern und wenigen Gewinnern, München 2001, 36
[70] The Customizer. Von Sneakern und Sammlern, in: Juice, Style Issue, August 2003, 49
[71] Klein, a.a.O., 36
[72] Marke »Den Vorsprung ausbauen«, ein Interview mit Johann G. Lindenberg, in: Die Zeit, 12. 6. 2003, 13
[73] Ebd.
[74] Interview mit Fabien Baron, in: Kultur-Spiegel, Heft 5, 2003, 16f.
[75] David Ogilvy: Geständnisse eines Werbemannes, Wien–Düsseldorf 1964, 126f.
[76] Ralf Klein-Bölting: Produkte nach vorn, in: FAZ, B2
[77] Klare Chefsache, in: FAZ, B1
[78] J. C. Lindenberg: Gegen Preisschleuderei, in: FAZ, B1
[79] Saskia B室dedorn-Hiemenz: In guten wie in schlechten Zeiten, in: FAZ, B5

[80] Körfer-Schün, a.a.O.
[81] Lindenberg, in: Die Zeit, a.a.O., 1
[82] Beat Sidler/Henning Meyer: Der Preis ist ein Qualitätssignal, in: FAZ, B3
[83] Gift mit Qualitätssiegel, in: Der Spiegel 9/2003, 17
[84] »Auf keinen Fall Schwarz – Baldessarini zur Sommermode 2003«, in: Format, 13. 6. 2003, 148
[85] Veblen, a.a.O., 156
[86] G. Hamann: »Sprudel, sauber, sagenhaft«. Die Werbebranche hofft auf den Aufschwung. Sie vergisst: Viele Unternehmer zweifeln an sich selbst und an ihren Anzeigenstrategien., in: Die Zeit, 20. 2. 2003, 21
[87] Kaufmänner in Feuerlaune, in: Format, 14/03, 64f.

4. Kapitel:

[88] Was wird? Interview mit Ulrich Beck, in: Die Zeit 33/2003, 43
[89] In: Franz Morak (Hg.): Die organisierte Kreativität. Kulturpolitik an der Wende zum 21. Jahrhundert, Wien 1999, 126
[90] Erich Streissler: »Jeder sollte bis 80 arbeiten«, in: Die Presse, 3. 5. 2003, 1–3
[91] Peter Glotz: Die soziale Selbstgerechtigkeit, in: Die Zeit 20/2003, 6
[92] Beck, a.a.O.
[93] »Wir schrammen an der Rezession entlang«, Interview mit dem Präsidenten des Instituts für Wirtschaftsforschung Halle, Rüdiger Pohl, in: Die Presse, 2. 5. 2003, 19
[94] Jeder Job ist zumutbar. Gespräch mit Wolfgang Clement, Die Zeit, 5. 6. 2003, 6
[95] Vgl. »Es geht hier nicht um Fakten«, in: Der Spiegel 9/2003, 93; »Eine bittere Niederlage«, Gespräch mit Hans Eichel, in: Der Spiegel 20/2003
[96] »Das ist eine andere Bank Austria«, in: Kurier, 29. 3. 2003, 19
[97] »Rasch stabile Aktionäre, in: Die Presse, 4. 8. 2003, 25
[98] Vgl. dazu: »Die nächste Hausse ist meilenweit weg«. Ein Streitgespräch zwischen Rolf Elgeti und Michael Hartnett, in: Die Zeit 21/2003, 31
[99] www.senioragenzy.at
[100] Beck, a.a.O.
[101] Norbert Elias: Über den Prozess der Zivilisation. Soziogenetische und psychogenetische Untersuchungen, Bd. II, Frankfurt/M. 1978, 314/319

[102]Amitai Etzioni: Die Faire Gesellschaft. Jenseits von Sozialismus und Kapitalismus, Frankfurt/M. 1996, 82–108
[103]Ich krieg die Krise, in: Die Zeit 20/2003, 48
[104]Klaus Peter Schmid: »Der Staat muss geizig bleiben. Konjunkturprogramme kosten Geld und schaffen keine Arbeitsplätze«, in: Die Zeit 12/2003, 34
[105]»Verfallen Sie jetzt nicht in Depression.« Von Schweden lernen: Sparen ist links, weil es den Sozialstaat erhält. Gespräch mit Premierminister Göran Persson, in: Die Zeit 23/2003, 21

5. Kapitel:

[106]Schulze, a.a.O., 79
[107]Beck, a.a.O., 44
[108]Federspitz: Geiz ist nicht geil, in: beautylife, 82ff.
[109]Bettina Steiner: Minirock und Wegwerfgesellschaft, in: Die Presse, 10. 3. 2003
[110]»Kaufrausch in der Einschicht«, in: Format 13/2003, 66f.
[111]Fukuyama, a.a.O., 32
[112]Ogilvy, a.a.O., 129f.
[113]Etwa: Der Spiegel 14/2003, 12/13
[114]Abraham, a.a.O., 120
[115]Österreicher zahlen mehr. Bis zu 90 Prozent der Lebensmittel und Elektronikwaren sind in Österreich teurer als in Deutschland. In: Die Presse, 18. 6. 2003, 11
[116]Fritz Vorholz: »Die missbrauchten Verbraucher«, in: Die Zeit 5/2003, 22
[117]Ebd.
[118]Molière: Der Geizige, in: Werke, Wiesbaden 1954, 732
[119]Ebd., 753
[120]Pierre Bourdieu: Die feinen Unterschiede, Frankfurt/M. 1982, 104
[121]Ferdinand Raimund: Dramatische Werke in drei Bänden, Berlin–Leipzig o. J., Bd. 3, 106
[122]Ebd., 124
[123]Ebd., 125
[124]Abraham, a.a.O., 119

6. Kapitel:

[125]Dichter, a.a.O., 182
[126]Ebd., 89
[127]Ebd., 93
[128]Richard Heinrich in: Morak, a.a.O., 180

[129] »Der Geiz-ist-geil-Trend ist nicht umkehrbar« (bezahlte Anzeige), in: Die Zeit 14/2003, 44

[130] Vgl. dazu: Thomas Röbke: »Zwei Pfund Kaffee und einmal Italien, bitte.« Fast jede zehnte Reise wird mittlerweile direkt verkauft: im Fernsehen, im Internet – und vielleicht auch bald bei Aldi?, in: Die Zeit 18/2003, 68

[131] Siehe die Beilage der Raiffeisen-Holding Niederösterreich–Wien in: Format 17/2003

[132] Nikolaj Bucharin: Die politische Ökonomie des Rentners. Die Wert- und Profittheorie der österreichischen Schule, Frankfurt/M. 1966, 2. Auflage, 28

[133] B. Joseph Pine/James H. Gilmore: Erlebniskauf. Konsum als Ereignis, Business als Bühne, Arbeit als Theater, München 2000, 13f.

[134] Erving Goffman: The Presentation of Self in Everyday Life, New York 1959

[135] Pine/Gilmore, a.a.O., 279

Firmen- und Markenregister

16,–